preface 序言

学生：罹患癌症的病人，剩下的时光或长或短，从中决定生命质量、决定幸福指数的核心因素仅在于一个点：恐惧心——如何与癌共处，却"无有恐怖"，无有忧虑？

老师：真神，救赎灵魂，灵魂真实地真切地，向真神献上虔诚心，向神佛彻底开放的虔诚心，神佛的智慧纯光，就会透过绝对的虔诚心照入虔诚者的灵魂深处，以纯光净化业尘，以慈悲安抚灵魂，以纯澈透明境界，以光明唤醒见精。

当敞开心扉的灵魂世界中，迎接到神佛的降临，你的身体就不再是，仅仅属于你自己的因果现象，你的身体内，就会同时具有因虔诚心而开创的纯光信仰，信仰的你，就是全新的你，全新的信仰之你，就是全身心属于神佛的生命，理所应当受神佛的净化看护，赐福救赎。

或许，你的寿命没有到，神佛纯光净化了灵魂，顺带着熄灭了你肉体细胞中的癌细胞，你在人世间的所有疾病，瞬间痊愈，癌症康复，身体返老还童。
或许，你命中注定就要在这个时间段，以这种癌症的名相死去，那么，佛也不会改变定业因果，就好像当年的释迦牟尼佛，不会利用神通阻止，自己的大弟子目犍连，被外道恶人用岩石砸死一样，佛不转定业，不改变前世因果，因为在佛心中，因缘现象本身没有好坏，都是宿业的川流聚合。

佛看重的是灵魂的觉醒，从生灭现象的缘起境界中，究竟解脱。
如果，你的定业确实到了，应该在此时此地，以这种因缘去世，那么就接纳自己的死亡好了，有佛看护你的灵魂，你对于神佛的决绝虔诚，一定会感应到真神在灵魂宇宙中，那沐浴你灵魂，渗透在你感知中的纯光。

安宁且纯洁的心，就，与真神的慈悲与爱同在。
我会接迎你的灵魂，去往天道宇宙中的美好世界。

真神的圣光宇宙，是与阿弥陀佛的极乐世界相通的。通过真神纯光救赎，进入天道的灵魂，想要去极乐世界，就是一转念的事情，真神的智慧力，会将你送入阿弥陀佛的极乐世界。

安心，安心，你们与神同在，神不是人类，不会死亡，可以带灵魂穿越死亡，直达天道，甚至于融入天堂。

阅读本书能让您感受到生机的希望，但真正的加持不止于此。

请扫码观看视频、聆听音频，在光与声中亲近指导灵的气息，获得更深、更直接的力量。

contents 目录

奇迹 001

癌症 089

光只能容纳光，灵魂须放下执着 225

救主 239

加持 383

引导文（如来版） 391

心咒 397

在你身心当中
那个不定义一切现象
不分析一切名相
却能清醒地、清澈地
觉照到你的身心自我、情感意识的
那个内在的安宁
那种内在清澈而透明的光明
那个才是你自己

奇迹

长话短说,越是重要的事情,越是要简单,只有简单的东西,人们才能信受。我先说第一个实证的体验啊,在我们身心当中,有生命原始的记忆。这个记忆,当你苏醒到记忆本初的时候啊,他会有一种状态,什么状态呢?就是失去一切分别。

换句话说,在你身心当中,那个不定义一切现象,不

002　生机

分析一切名相，却能清醒地、清澈地，觉照到你的身心自我、情感意识的，那个内在的安宁，那种内在清澈而透明的光明，那个才是你自己。

除此之外，一切试图分析的，一切沉浸在分析经验当中的，对经验的感受，那个称为习气，这都不是你。包括你的身体，你的形象，你的眼睛，你的耳朵，你的鼻子，你的身体的触觉，包括你的身心内在的思虑记忆，情感体验的自我觉知，这都不是你自己。

这是第一点，这个是一个生命的实相，你真正的自己呀，是不被你的身心意识所定义的。或者说在身心意识当中，不随着身心意识的思维、情感，去定义为自我和自我认识世界的，超出于自我和自我认识世界的这两者的，那种身心内在的，安宁地不思维，安宁地不定义，安宁地失去了一切非安宁的分别的，当下的清澈，那个才是你自己。

004 生机

今天给你们讲的这堂法呀,因为祂是关乎到以后很多绝症患者的死亡,甚至于说是灵魂投胎的过程,所以说,我尽量地长话短说。你们听说过一个物理学上的定义呀,叫"薛定谔的猫",你们听说过吧,应该。

我们人类认识这个宇宙啊,有两种的学术。一种是经典的物理学,它是源自于牛顿,经典物理学。物质,是有它的质量、形态,包括它的运行轨迹的,而这轨迹呢,是我们可以掌握的,对吧?我们可以掌握的物质运行的轨迹规律,把它结合起来,形成了经典物理学。这就是我们用经典物理学的这些公式呀,定义呀,能量的这种守恒啊,等等等等的方程式啊,去探测、推演宇宙的诞生、进化,以至于未来。它一定是建立在物质名相基础之上的,对物质形态和能量质量的未来的预测,是吧?

那么,现在经典物理学上认为呢,人类目前的所知的科技呀,所能够认知到的宇宙的物质,大概是占到了

整体宇宙物质的，不到5%吧？另外的，我们把它称为"暗物质""暗能量"，就说我们没有办法检测它，我们没有办法去定义它，所以我们把它称之为"暗能量"。但是我们又通过已知的物质的运行，和已知的能量的运动的这种轨迹，我们推测有一个制约着能量运行的，更庞大的暗物质存在。

还有一种说法，就是在量子力学里面讲过的，就说是，这个宇宙啊，他是处于一种测不准的原理。就这个宇宙的实相啊……当然我不是搞物理的，这东西我也是道听途说，看过了一些比较简单的概念化的东西，就是我用来叙述一下。

就说是有一只猫，装在一个盒子里面，现在就提出一个问题来：在我们没有打开这个盒盖之前，这个猫在盒子里面，它是生的——它是活着的状态呢，还是已经碰到机关被电死的状态？最后呢，我们就得出个结论，在那个盖子没有打开之前啊，我们无法判断这个

猫是活着的，还是死亡的，那么它只可能存在着一种状态——生和死叠加的状态，就是生死叠加的状态，它既是活的，也是死的。

这个就超出了经典物理学，所能够探测的这种范围，因为在经典物理学认为，猫是一种物质形态嘛，这种物质形态，要么它是活着的，要么它就是死掉的。但是在量子层面，它就不一定了。量子层面的话，就是在打开盖子那一瞬间，这个猫，是活着的状态，还是死了的状态，由我们看到这个猫的人的认知而决定的。就说我们认识到它死了，它就呈现出死的状态；我们认识到它是活着的，它就呈现出活着的状态。

我为什么给你们讲这个事情呢？因为这个"测不准原理"啊，恰恰是一个修行者呀，在甚深禅定当中的，不定义的时候，那种思量心当中的习气和细念，相续形成的比较稳定的，一种潜意识状态。

众生的心灵深处的，灵魂背后的思量心，就是人的潜意识状态，就是这种量子力学里面描述的，"测不准"定义的这种能量叠加的状态。他既是生的，也是死的；他既是流动的，也是静止的；他既是善的，也是恶的；他既是光明的，也是黑暗的。

这个时候呢，就全凭着当事者的灵魂，就是思量心当中泛起的业潮，就是我们说的那种习气和细念，聚合形成的这种思虑，对于思量心境界的定义，而瞬间形成了灵魂所能感知到的道——就是世界，要么是天道，要么是人道，要么是鬼道，要么是畜生道。这个就是一个人生死投胎的一个原理。

"不定义"，你靠什么不定义？你是不可能不定义的，就一个凡夫俗子，你是不可能不定义的。什么叫定义？定义就是思维，定义就是心灵里面的，这种不断的分别和确认。你是没有办法做到这一点的，为什么呢？因为你不安全。

我们人类一定是以已知的，去衡量未知的。已知的是什么？已知的就是已经被你定义的记忆。就像我们现在，时时刻刻都在呼吸，你为什么不去时时刻刻地分析你的呼吸呢？"哎呀，我这一口空气，比较清新""我下一口空气，跟上一口空气好像有所区别"，你为什么不去分析呢？因为你的心灵，对于呼吸形成的这种经验的记忆，已经形成了你心识，用于延展未来、探测未来的基础了。

你不会去分析你的呼吸，就像你不会去分析，自己有没有站在大地上。但是这时候，如果空气当中出现了焦火味，出现了香水味，你立马会分析，为什么呢？因为它和空气的味道不一样了。也就是说，你一定是以已知的经验，去推类、分析未来遇到的，跟已知经验不相符的现象，对吧？这就是我们所说的，心识的相续。

那么，你为什么会有，会形成了，这个对已知经验的定义呢？到底是谁形成的呢？那么，这个时候，就会牵扯到一个最根本的问题，就是"你从何处来"的问题。你呀——"你究竟是谁？""你从什么地方来？""来到这个世界干什么？将来又到哪里去？"这个就是人类生命的终极的三个疑问。

实际上这三个疑问啊，只有在你不定义自己是谁的时候，他就会自动浮现了。在我们的心灵的感知背后啊，有一个不被感知的，不被任何感知所定义、所分析的，一个真正的你自己。

在宗教里面，把他神化了，把他变成了修行过程当中的一种境界。就是你的心识的认知和你的意识断开之后啊，当你的思维记忆消散之后，你的心识的感知和主观能动性，变弱了之后，你的主观能动性背后的，人格情志背后的，有一个能够清醒地、清晰地，照见你的人格自我和意识相续的，那个清醒的见精存在。那个见精发动了，就

是把他称为"奢摩他"。

你如果能够稳定在见精这个情况,对你的身心意识、思虑情感不定义,不分别,不取舍,也并不拒绝的时候,你完全是处在身心意识之中,清澈而无来无去、不拒不离的,安宁的、纯澈的照性当中的时候,你就是罗汉果位。就是你的心光发动照十方刹,跟微尘世界的一切觉者相互辉映,这个叫"罗汉"。

不要小瞧罗汉果位啊,如来——正等正觉的无上如来,就称为"无漏大阿罗汉"。奢摩他是一条修行道路,这条修行道路可以直达佛地的。不要小瞧了,不要觉得"你是罗汉",我告诉你,佛就称为"大阿罗汉"的。释迦牟尼佛,无上正等正觉的如来,称为"无漏大阿罗汉",所以说,奢摩他是一条修行的道路,不分高低的。

然后,在奢摩他的基础之上,当你的内心的见精浮现了,在见精内在，脱落了"眼耳鼻舌身意"一切细腻分别的，这种确定、固化和感知之后，见精内在就会浮现出来，与见精同步存在的细腻的习气、细腻的细念，这就进入了想阴破的过程。

想阴一破，就称为"三摩地"，也把他称为"三摩钵提"，我习惯把他称为"三摩地"。三摩地，在宗教里面记载，这个是三界内的至尊——修行三摩地的最高境界，可以达到造物主。

什么叫"造物主"啊？造物主就是人的识阴。但是因为外道修行，他们信受的知见，是宇宙有一个终极的存在；有一个终极的意识，那个意识就是到了宇宙的顶端，就再不可能超出这个终极意识，不可能超出觉知存在的，那么在觉知之内修行的人，通称为"外道"。

那么，什么叫大菩萨呢？大菩萨信受的知见是"法我皆空"的——没

有一个可以固守的修行的"法",也没有一个修行"法"可以解脱的"我";因为"法"和"我"的本质都是虚幻的,叫"法我皆空";无取无证,无生无灭,无垢无净,不增不减,这个就是到了觉性状态。

到了三摩地的境界之内,最终的时候啊,就不存在一个心光发动的自己了。心光发动的自己,你会发现他是由三摩地当中,那个见性当中,跟见性一同派生出来的细念分别,和所分别形成的明暗动静,构成了所谓的一个在十方三世发动心光的本体,和心光照耀的十方三世的微尘宇宙,这两者全部是源于见精——就见性那个"见"啊。

见性可不是"见到觉性"那个"见性"啊,是我们所说的内心里面,你能够在你的人格情志深处,可以清醒地、清澈地看到你的人格自我、起心动念、思维感受、心意相续的整体过程的那个清澈。他是不动念的,他没有体相,不被形容,不动念,清澈了无痕迹,那个是人的见性——见精。

在见精背后啊，还有人的知觉，这个知觉，就是你的想阴快破完了，想阴快破完了之后……因为想阴啊，是行阴流的具体体现。行阴流呢，我观察了一下，释迦牟尼佛是讲的什么阿陀那识如瀑流吧，"真非真恐迷，我常不开演"，就是我害怕人们迷到这里面，我不为人们讲。但是反过来讲，能证到这个地方的人，历史上的人屈指可数。

为什么呢？因为脱了想阴啊，你就进到行阴流里面了，行阴流是什么东西呢？行阴流就是人的思量心。整体的思量心，你在觉者的状态来看，他像是一块果冻一样，像是一块黑色的果冻。他看起来是固体的，他实际上是流体的；他虽然是流体的，但是因为他内部的质量很大，所以他展现出来像固体一样的状态。

思量心呢，就是无始劫来众生的习气和细念，相续而成，形成的业境。而这个业境的尽头，那个细念的缘起，就在见性的本源那个地方，那个地方就是进入到了识阴。识阴不是人类想象的一种存在啊，识阴一定是以觉受……就觉知啊，一定是以觉受呈现的；而觉受呢，就是我所说的灵性。

这个灵性，识阴，就是觉知在觉受里面，那个就是灵性在光明当中。这个光明啊，祂的形态，光明形态记住了自己本身形态的，这种内涵和特质之后，祂就会形成了，对于灵性的记忆的沉淀；这种沉淀就和灵性分开了，祂就形成了知觉；这个知觉，在灵性形成知觉的过程当中，就呈现出来了行阴；而行阴的沉淀，就呈现出来了思量心。思量心，就是我们所说的灵魂的基础，三界六道的基础，他是能量宇宙的基础。

在思量心……这中间，实际上还有一个见性产生的过程，就说是那种……算了，我今天也不是打算给你们讲整个结构的，习惯了。因为我生怕我给你们讲的一些案例呀，被以后的人误会，所以说，我就一而再、再而三地，我要给你们讲这些所谓的究竟法理。

因为没有办法，因为人类习惯于，将这些神圣的智慧呀，把祂拿来为自己所用，你知道吗？我就每一次讲法……实际上我每次讲法，真正讲到精髓的就那么两句话，但是我要前面铺垫这么多的，没有用的这些体系。

现在下面，我就跟你们说正事啊。这两天我"阳"了，这两天我感染了新冠，感染新冠病毒了。这个事情来龙去脉是这样子：

大概在十天之前，还是半个月之前啊，有一天我在听法的时候，我突然看到我的头顶上空，出现了一片云彩。就像是你们在旷野当中，走路的时候，天上是万里无云的，突然间天上有一片云彩遮住了太阳，地上就会有一块阴影，是吧？当时我看了一下，我说，"噢，这块阴影，

可能是我最近要有一些所谓的魔难",因为这块阴影的长度大概是在 25 天左右,当时我也没有在意。

然后,紧接着呢,大概就是几天之后,有一天半夜,大概两三点的时候,我被冻醒来了。我盖着很厚的被子在那睡觉,然后我浑身打冷颤,就牙"嗒嗒嗒嗒嗒嗒嗒"打冷战,把我给冻醒来了。最后,我想起床穿衣服,我的身体都没有办法控制,你知道吧?就哆嗦得很厉害,我那个衣服就穿不上,就冷到那种程度了。

当时家里面,我是开着空调的,而且我盖着很厚的被子,不应该出现这种情况。当时我就知道,可能感冒了,然后我也没有在意——他冷了一会儿之后就好了嘛,我也就没有在意。紧接着,剩下来这几天呢,就是一种感冒的症状,流鼻涕呀,然后身体有点酸困啊。

但是因为平常我是一个活在知觉里面的人,就是我的身体不是这件人类的身体,我的身体是知觉的那一种,就是由这种细念和习气最初的，那一些见性构成的思量心的基础之上，在思量心基础之上，有一种就像是梦境一样的，像是那个白色的雾气呀，构成的一层朦胧的世界吧，那个世界是我的身体。

就说我的灵魂啊，是雾化状态；你们的灵魂，是大海里面泛起那个波浪，而我的灵魂，是这个大海已经被雾化掉了，那个波浪和大海本身是被雾化的；而我的灵魂是在这个雾化的海洋里面的，那一盏太阳，我是太阳照射在每一个水分子和每一个水分子之间空隙的，那种无限的光明。

所以我平常的生存状态，我是以知觉身，存在于天堂之内，是俯瞰着三界六道能量宇宙的。就是我不在这些思量心和灵魂所处的范围之内了，我是处在这种知觉灵性和生命的范围之内了，所以说，这具身体的好与坏，对于我没有任何影响的。

而且你看，我虽然能感觉到身体有点酸困，虽然能感觉到身体有点疲倦，但是，平常我根本就没有意识到自己感冒了。因为我确实不活在这个身体里面，你知道吗？因为我对这个身体的六根啊，没有任何的执着，换句话说，这个六根对于我的干扰很少。

对于你们，你们的眼睛看到什么，就是你们看到什么了；对于我而言，我的眼睛看到的东西，它仅仅是我看到整个宇宙体系占到的不到1%，你们能明白吗？就说你们的眼睛看到的世界，就是你们看到世界的全部了；而我的眼睛看到的这世界，只是我内在看到无限世界的，不到1%的程度。我当然知道我看到什么了，但是看到仅仅是看到，他没有办法触及到，我内在另外的见到天堂那一部分，见到三界六道无限微观世界的那一部分。

也就是说，我有其他的法眼、慧眼、佛眼同时存在的，而你们只有肉眼。你们的肉眼看到的什么，就是你们的人格看到的什么，就是你们的灵魂看到的什么，就是你们的整个的生命看到的什么，明白了吧？你们就是被你们的"眼耳鼻舌身意"，形成的"色声香味触法""见闻觉知"所存在着，所牵引着，所演化着，所定义着，所决定着你们的生命状态。

但是我不一样的，就是在我的眼睛看到人间的同时，我的内在的这种见性，我内在见性之上的那种灵性，我灵性之上的觉性，是在同时睁开眼睛的。所以说，不论我眼睛看到什么了没有，看到眼前的这世界的任何的境界、景象，我内在都不会起任何波澜，因为祂们也在看，祂们看到的是另外的东西。就说我内在的那个灵性也在看，祂看到的是另外的，整个无穷无尽、尽善尽美的，由光构成的宇宙。那个宇宙可比这个宇宙，要真实多了，这个宇宙是被定义的，是被你的"眼耳鼻舌身意"的"色声香味触法"的尘垢，所定义的，而那个灵性宇宙是不被定义的。

020　生机

灵性宇宙，我用一句话来讲，那个就是无限完美的生命本初，美轮美奂，完美无瑕，从来没有改变过，也不可能改变。为什么呢？因为任何分别是无法触及祂的，换句话说，众生消融了一切分别，那当下就是灵性的解脱了。

我刚才没跟你们讲完啊，就说我是处在那个灵性境界，看我这个身体。我的身体呢，无论他生病没有，在我内在，我对这身体生病没有任何感觉，真的没有任何感觉，我身体照样很轻盈。你们看我 50 岁了，生活得很简朴，动作很缓慢，可是我的内在很健康。

我内在的健康，不是指我这具身体健康，我的这具身体不是很健康的，因为过去有十几年的生活，太艰苦了，可能那段时间把身体给打熬坏了。但是我的心，我心识背后的那种灵性的那一层生命境界，是非常健康的，因为祂从来不可能生病。而我就活在那个从来不生病的，那种雾化的知觉的状态当中，是以光明身——以

众生消融了一切分别
那当下就是灵性的解脱了

022　生机

光明的这种性质，跟整个宇宙同体的。这是指的三界六道之内的我的身体。

在三界六道之上，法性里面，那个觉照的智慧里面，我没有身体，那个智慧就是我的身体，那个智慧之上还有悲能。今天我再谈起悲能啊，那我就是纯粹在胡说八道了，因为那个不是我想进就能进去的。法界现在对于我而言，对于修行者而言，是时时刻刻的状态，时时刻刻的。

时时刻刻法界的智慧，那个就是我真正的自己。那种感觉就好像是，我戴了一个 3D 眼镜，在人世间在给你们讲法，可是戴 3D 眼镜的这个眼睛，他却永远不可能被 3D 眼镜的这个荧幕所改变了，那个就叫智慧。而你们都是在 3D 眼镜的荧幕当中，不断川流变化的，而我戴着 3D 眼镜，但是我知道，在这个 3D 眼镜的荧幕背后，还有一个看荧幕的眼睛，那个就是人的觉性。

但是觉性距离悲能啊……就这么说，今天我再想起悲能的时候，这对于我很陌生，你知道吗？我就好像在一堆已经烧完的灰烬里面，在试图触摸它的温度，但是我对悲能，现在已经完全是没有任何记忆了，但是我隐隐约约地能够感知到，"祂"的那种温度。

悲能当中是没有状态的，悲能当中也没有境界。我所说的这种"觉满十方界"呀，渗透在一切众生，渗透在一切生灭相续的习气和细念当中，如如不动、无来无去、清澈普照、无生无灭的那种普照十方三世，而又容纳十方三世于当下的大圆满的智慧，这个智慧在悲能当中啊，属于错觉。

悲能是没有智慧的，一切智慧在悲能当中，都是被融解的。所以说一切名相，无论是佛的名相，蚂蚁的名相，鬼的名相，牲口的名相，还是一个凡夫俗子的名相，在悲能中是平等的。悲能就是……我能想起来的那种状态，非要用语言去定义"祂"的话，"祂"不是爱，

"祂"也不是接纳,"祂"甚至不是善良;"祂"是一种"巍峨",是一种浩浩荡荡的威严,是一种巍峨无限的壮丽,"祂"是一种巍峨的感觉,你知道吗?"祂"是一种无限的巍峨和无尽的这种庄严,实际上我用"庄严"这个词都是在亵渎"祂"了。

因为用"巍峨"的话,他是一种抽象的概念,他指的是一种势,一种势能;"庄严",他已经开始接近于具象了,接近于某种具体化的现象了,而具体化的现象去形容悲能,那就是对于"祂"的亵渎,"祂"是不可能被具化的。

但是到了那个地方,你就会知道,就说是一切生命,皆臣服于此。无论你是佛……我所说的"佛",就是觉者的意思啊,但是觉者跟如来,那个是天壤之别。就是在如来,在大如来的悲能当中,看一般普通的这种觉者啊,那个就像看婴儿一样,就像看孩子一样的感觉。就是"我承认

你是生命，我承认你是我的儿子，但是你什么都不懂，什么都不知道，没有任何能力"，就是那种感觉。

我接着跟你们讲生病的这件事情。后来呢，就说是，这两天身体虽然还是有疲倦，但是我的内心里面呀，就压根不认为自己生病了。因为我确实没有病，他只是我身体上的一种状态而已，但是我真的没有病，我不可能有病，你知道吗？因为病，他是一种定义，而我本身的生命是不可能被人……

你们就是这具身体，凡夫俗子，人间的人，就是这具身体，我不是这具身体。我活在这具身体之内，我活在这具身体的心识、意识之内，我是借助这具身体在人世间表现，但是我超越了这具身体的形象，也超越了心识自我和意识思维相续的范畴。

所以说，我平常的这个自己呀，是活在那个思量心的背后，在知觉身的那个灵性境界当中，以一种光明、轻盈、温暖和安宁的，一种清澈的感应力，在人世间存在的。所以说，我是不会生病，我也不可能生病的，有病的这个状态，他是这具身体的状态，但是和我没关系的。

然后就这样过了几天，觉得很正常。后来他不是就没有味觉了嘛，大概在三四天之后，我就没有味觉了。没有味觉了，没有嗅觉了，我觉得不对了，为什么呢？因为正常感冒不会没有味觉，也不会没有嗅觉，他就是那个鼻子堵了嘛，我抽烟的时候可能味道淡一点而已，但是现在我抽烟是完全没有味道的，就跟抽空气一样；我吃辣的呀，我吃辣椒啊，味如嚼蜡，你知道吧，我吃辣椒跟吃任何东西都没有味觉，也没有嗅觉。我觉得这有意思了，这好像是我生平第一次，失去了味觉和嗅觉，不是失去了一部分，是百分之百失去了。

你们知道我抽烟的，我每天大概是七根烟，就是我三天抽一盒烟。我的烟瘾很小，但是因为他是形成了一种习惯嘛，所以说，我有的时候要是不用点这个习惯，不保持这种习惯的话……我跟你们说个事实啊，没跟你们开玩笑，我如果不保持人的这种习惯，我连人的最基本的意识都动不了了。

你们看我好像有一些生活的习惯——喜欢看电视呀，有的是习惯抽烟，不是的，那是因为我的心啊，我内在的这种灵性，灵性的那种轻盈的光明啊，我要和我的身体结合在一起，我要保留一些人类的习惯的习气的经验记忆，我才能知道有个"我"，你知道吧？

平常的话，如果也不抽烟了，也没有这些习惯性的记忆的话，平常我在人世间存在的，祂就是一种清澈的感应力，没有自我的，没有自我，没有分别，没有记忆，也没有展望。祂就是一种纯澈的，像眼睛睁开，眼光看到前方一样，在我身心细胞的每一个细胞的，极尽微观的空间当中，层层递进
到我的心识的认知，自我的感受，

到包括意识,祂全部都是这种纯澈的、无分别的感应力。

说是感应力,是因为有这个身心最后的业尘,没有被净化掉。如果最后的业尘被净化掉了之后,这感应力瞬间,祂就会变成那种灵性无生无灭,但是又亢奋极盛的耀眼光明。因为现在有业尘,就是我的身体细胞当中还有累世劫的细腻的业尘,没有被净化干净,这些业尘折射了灵性的光明,祂才变成感应力的。当这些业尘,被感应力所稀释、净化、融化,完全熄灭了之后,那么取而代之的,那感应力瞬间就会爆发出来,比无量亿个太阳,还要闪亮的巨大的能量来,那个就是天堂的状态。

但是天堂到那一步的时候,祂就会由光明转为了智慧,那个智慧就像是目光一样。目光,你们看不到、摸不着,但是祂却可以渗透一切,改变一切,那个就是佛的大智慧。这个就是递进、改变的过程。

后来呢，在我失去味觉和嗅觉了之后啊，我就挺好奇的。但是说老实话，也是对于我修行，这个是一个检验，为什么呢？

你们知道过去我是很喜欢吃肉的，无肉不欢。我记得我那时候，二十多岁的时候，有一次我是跟朋友一块吃饭嘛，他们大概就是有七八个，将近十个人吧，围了一桌子人，然后在那吃火锅。出于对我的客气，就先让我点菜。我记得很清楚，我点了九个荤菜，一个素菜。他们说"够了"，我说是，"不好意思，这是我一个人的饭，这'九荤一素'这是我一个人的菜，你们要吃你们再继续点"。你想，当年我胃口有多好。

有一年，有一次跟我父亲去出差，那一年我十九岁，跟我爸一块去出差去。在机场的路上有一个卖羊肉的——卖羊肉的一个铺子，红焖羊肉味道很好。后来我吃完饭了之后，我数了一下我身边的碗，就是正常那个吃饭的中碗啊，十二碗，"两斤羊肉十二碗"，

030　生机

你想当年我的饭量有多大。那吃饭就简直是我人生当中的，一个最幸福的事情了。

结果这一次我现在没味觉了，你知道吧。没有味觉了，这就对于我记忆当中的自己，应该是很痛苦的事情，因为我无论吃什么都不香了嘛。无论我是吃的是山珍、海鲜、鲍鱼，还是窝头，在我嘴里面感觉是一模一样的，就是在吃肥皂的感觉，没有任何味觉，没有任何嗅觉。

但是我的内在呀，我的内心啊，没有任何的沮丧，你知道吗？没有任何的着急，没有任何的沮丧，没有任何觉得"哎呀，吃不到味道了"，就很痛苦，没有。我就觉得有点不适应，为什么呢？好像我现在吃饭的时候，我就要想一想这个东西的味道，曾经是怎么样，我要把那个味道调出来，跟嘴里面的这个物件啊，这块"肥皂"配合起来，我就能够想起来这个什么味道了。

然后我就这么将就了好几天，你知道吗？比如说，我早餐就是一片面包，蘸一点豆腐乳，这就是我的早餐，现在我吃豆腐乳没味道了，连咸味我都品不出来；然后，我就一边吃，我就一边回忆，这个是豆腐乳，回忆一下，把它的味道调出来一点，然后再跟嘴里面嚼一嚼，这就过去了。但是内心里面，你不会有任何不痛快的什么感觉，就哪怕我这一辈子，后半生都没味觉了，我也无所谓的。

为什么呢？因为我说我平常是活在知觉的那种光明境界，这个不是一个形容，而是一种事实。光明境界里面是没有味觉的，光明境界里面，祂没有触觉，没有味觉没有思维，没有感受；祂有的就是，无限的轻盈和纯粹的狂喜。那个就像人性高潮一样的状态，但是祂是一种生命从内到外的，那种性高潮一样的亢奋、欢乐、纯洁、纯净的，永恒的亢奋状态，那个就是人的觉受深处和觉知相连的那种大乐的境界。我说的是事实啊，这个可不是我的形容，我
平常都是处在这种状态当中的。

032　生机

好了，这种状态过了几天吧，然后有一天，我这实在是闲得没事了，我突然想起来，我家地下室好像还有一个试纸盒——专门检验新冠的试纸盒，放了好久了，没用，再不用的话，新冠就过去了。你知道我这个人是个很节俭的人，你放着浪费了，扔掉了之后，也挺可惜的，我检测一下，看看我是不是新冠。

然后我就——虽然我看不懂英文，但是它上面有图案的标示嘛——我就一步一步地，在鼻子里面用棉签沾一下，然后放它那个水里面，转一转，然后把那个水倒在那个试纸条上，一看。哇塞！它真的变成两条线儿了。当时我就有一种中了彩票的感觉，你知道吧？我当时很开心的，我也"阳"了，这是一件多么荣幸的事情！哈哈哈。

然后呢，这个就是个玩笑，对于我来说，那个就是个玩笑。结果，奇怪的事情发生了。当天晚上，一下子，病情加重了，瞬间加重。平常，前面这一周，哪怕我没有味觉一周，我的身体依旧很轻松，就是我走路不沾地的。我走路，你们看我的脚在地板上走，我的身体是离开地板的，走路是不沾地的，身体没有重量的。哪怕我生病了，我失去味觉，失去嗅觉了，我的身体没有重量的。

检测完了，确定我"阳"了，然后晚上直接病情加重，第二天早上，我根本就爬不起来了。身体那个酸困、沉重的程度，比我测量之前，瞬间加深了10倍到15倍，就说我爬起来都费事了。这我就奇怪了！为什么？昨天还好好的，就前面这段时间好好的着呢，从我那天晚上冷得打哆嗦，然后到我失去味觉这十天之内，我都好好的着呢，任何反应都没有。为什么，为什么这一下子，我的病情就加重了10倍、15倍？爬都爬不起来了。

后来，我就仔仔细细回忆了一下，噢！你们要知道，我是可以脱离开我的心意思维，脱离开我的记忆和感知的；我是可以脱离开我的潜意识，也可以脱离开我的人格的这种思量心的灵魂的：我不是灵魂，我是灵性，我是不死的生命。所以说，我能看到人那个灵魂，构成灵魂的那些因素——我的潜意识的习气和细念，他们在想什么，我这才找到了一个人死亡的原因。所以今天这堂法是未来，那些患了癌症，患了绝症人的福音。

我告诉你们，就是因为我确定了，我给自己的状态，身体的状态"定义"了——"我是得新冠了""我阳了"，这个叫定义，你知道吗？就像是医院给你定义，"你是癌症晚期"。一旦定义了之后，你想啊，我已经是个神了，我已经是一个三界内尊贵的、不死的神灵了，可是因为我没有修行圆满，我身上那些潜在的习气和细念，他们就会瞬间被这个定义，激发起来了他们对这个定义的记忆，你知道吗？

"阳了"，就意味着生病，生病就意味着你的身体的这个机能会损

坏，生病就意味着你的业障要聚集，生病就意味着你的身体要出现跟生病相对应的状态！瞬间，我的身体就爬不起来了。这个不受我主观意愿为转移的，这个是我的潜意识——也就是说没有被我净化完的，那些思量心当中的习气和细念，他们都是生命，他们都有记忆，他们都有生命的记忆，对于病的记忆，对于生的记忆，对于死的记忆。

所以说，然后我又经过了一天多的时间啊，然后我又听法，将我的心识的注意力，放在法当中去。你们看我平常不务正业，无所事事的，但是我平常都是听着法的。你们看我每天看电影，看电视，可是我告诉你们，我看电影，看电视剧，从来不开声音的，我只看有字幕的，为什么？我要听法。

我为什么要边看电视边听法呢？实际上说出来，是一件很笑话的事。因为我听太多了，我听法听太多了，知道吧？如果不再有个什么事物，来吸引我的注意力，

038　生机

我没有办法听进去的。所以说,我就看一些电视剧,看的那种比较好看,但是不需要动脑子那种电视剧——什么八卦呀,是非呀,你爱我、我爱你呀,不需要动脑子分析的东西。

然后我就戴着耳机去听,然后把耳机里面的声音,当成他们电视剧里面的对话,这样我就能听进去了,你知道吧。我是在想尽一切办法,就说我要强迫自己,我的心、我的耳和我的意识,是不能离开法的。

我没有任何的那种对于学法要达到境界的执着,"今天我要达到一个什么状态啊",那个你千万不要这么想,你这么想的话,一定会入魔的。就去听就行了,但是一定要、一定要让自己听够六个小时以上,一定啊,因为从量变到质变。

听到最后,你可以一句话都记不住,但是你一定会有体验的,一定会有内在那种安宁、清澈、安全、宁静的体验。对了,学法最终,就是要培养这种体验,你知道吧,就是要培养这种你身心内在,脱离你意识思维,脱离你心识主观意愿而客观存在的,这种感受中的安宁的体验。

然后,我听了一天法,那种安宁的体验当中呢,把得了新冠这个事情引起来的体验给取代了,然后身体瞬间又恢复正常了,没有重量。我今天,你看,我还是没有嗅觉,你们都能听出来,我这口鼻里面好像有点不清楚啊,有点伤风感冒的那种状态,我没恢复呢,我现在还在新冠着呢,但是我现在身体没有重量。

此时此刻,我在给你们讲法的时候,我的身体里面是一片光明的,没有酸痛感,没有那种滞涩感,没有那种得病了之后的寒冷感,更没有身体的那种沉重感,没有,就跟没患病一样。虽然我的生命表象有痰,有鼻涕,还会出汗,但是我的身体内在的感知,是一片光明,纯洁无瑕,没有重量的。

好了，今天我就给你们讲的，就是这个最关键的一点：你的病，是你的潜意识"定义"出来的。真的，如果我今天不患这个新冠，我不知道这件事情的。我患了这个新冠了之后，从我检测出来自己是新冠，然后经历了 24 小时，真正新冠病人趴在床上爬不起来那种痛苦的，身心酸困的、呼吸困难的状态；然后直到我把这种定义忘掉了之后，身体又瞬间恢复了那种没有重量的，内在光明普照的这种轻盈的感觉。我只是在我的心灵深处，用学法的那种安宁，取代了被新冠概念定义后的，那种沉重的感受，仅仅是把这个"定义"给取掉了，一切症状就同时取掉了。

我就突然间想起件事情来了。那是在我，多大年龄？中国过去有一本杂志，叫《读者文摘》，你们都看过，因为你们年龄都跟我差不多。《读者文摘》当时是国内的几本大杂志其中之一嘛，当时我记得有《良友》《知音》《读者文摘》，就这么几本大的。《读者文摘》上面登了一个故事，我看这本书的时候，我大概十四岁，那是八几年的事情了。

有一个美国的医学博士，他后来到非洲啊，去探索，探险。他本身是医学博士出身，后来他改变他的职业，成为一个记者了，他作为一个记者的身份，到非洲的草原部落里面去探险，去了解那个部落的风俗。他跟那个部落的那些人生活在一起，在非洲。大概他整个过程经历了三年时间吧，他积累了大量的笔记。他回美国之后呢，出版了一本书，其中有一段故事，是他自己亲身经历的。

他跟随部落的这些人啊，穿越那个非洲草原的时候，他部落里面有一个男性——成年男性，在追逐猎物的时候摔倒了，可能是被什么石头啊，木头桩子给绊倒了。腿呢，他那个小腿骨，碰到了一块岩石，直接就开裂了，就腿一下断开了，那个骨头尖子呀——骨头茬就穿破他的皮肤，露出来了。你们可以想象，就骨折了嘛，骨折了之后，那个骨头，穿过他的皮肤，直接从小腿中间就穿出来了。

然后他们部落随行的，有一个部落的巫师，然后就给当事人，就给骨折那个男性去包扎。用了一些他们在附近找的草药，用了一些他们部落里面女性，就刚来月经的女性的那个月经，混合在一起，然后用一种他们所说的那种蘸了油膏的绷带啊，把那个腿包扎起来了。然后呢，那个巫师就坐在那个病人的旁边，然后用手抚摸着他的头，他的额头，给他念经，给他祈祷。

然后书上记载的是，具体的时间我忘了，是三天时间，还是一周，不会超过一周时间的，等这个记者再次看到这个人的时候，看到骨折这个人的时候，这个人已经健步如飞了，就满地跑了。他腿上呢，完全看不出来有骨折的痕迹。

他很惊讶，他说，这个绝无可能的事。你知道，绝对没可能的事情，在西方医学上来说，绝对没可能的事，为什么呢？伤筋动骨一百天啊，得三个月。我们知道人的伤口愈合呀，就说是破坏了之后，流血了，愈合，

044　生机

72小时，就三天时间，不要说骨头了呢。

你愈合了之后还应该有疤吧，他说，他在看那个人的腿的时候，他能看到表面上有曾经破过的痕迹，但是那个就好像不可能是那种重创，他就是表面上有一些被愈合了的痕迹，仅此而已。确定是这个人，确定他受了伤，确定他是骨折，确定骨头穿过皮肤出来了，但是确定他现在完好如初了，就是用了三天，还是一周。

然后他就非常非常地震惊，他就去问这个巫师，他说：这是怎么回事？那个巫师就笑着给他说，他说：这个人的骨头啊，骨折了，那是因为他的肌肉细胞啊，他的骨头的细胞啊，受到惊吓了。他忘了他原本的那种生命的状态，他表现出来惊恐的样子，就是骨折。我所做的事情呢，只是让他的细胞回忆起来，他原有的那种安宁的状态，他不再保有这种惊讶的状态，那么他的肌体就康复了。

这个事情对于我的震动特别大，你知道吗？我为什么到今天，修行过程当中，我还经常会想起来这件事情呢，因为他说的是实相啊，他说的是实相，真相。你们知道，因为我这边生活了十几年了，因为工作的原因啊，我身边接触的百分之九十都是科学家，都是各个大学的教授，这些教授呢，都不是那种教课的教授，都是那种有自己实验室的科学家，就是 tenure，终身制教授。

他们有很多人，大概我认识有七八个人，他们都是跟药厂合作的，他们都是跟大药厂合作。他们告诉我，他们给我提供了一组数据，就是我问他们，他们研究出来的新药，对人的治愈率到底有多大的用处。因为都是非常熟悉的朋友嘛，他们也不瞒着我。

他说，对药物的监管非常严格，就从你临床研究，然后到用到病人身上啊，每一期要经过多少年的检验。其中有一个双盲试验，就说是：我生产出来这个药，比如说可以治新冠啊，然后分为几组人，其中一组，这 10 个人里面，5 个人是用我的新药，5 个人呢，是用的安慰剂，就是面粉做成的药，里面什么药的成分都没有，然后说，这是特效药，你吃。安慰剂治好的病人，跟我药治好的病人，基本上是一样的。

你们都想象不到，不可思议吧？安慰剂——完全没有任何药效的那种用面粉制成的药丸，可以把新冠治愈了——我就跟你举个例子啊。这种例子称为双盲试验，这种安慰剂治好人的例子，在所有的药检里面，占 20%。就 10 个人里面，可能有 5 个人是被真正的药治好的，还有两个是自愈的，这两个是被安慰剂"治好"的。

安慰剂是没有客观上的任何的药物成分，它为什么能治好病呢？因为吃药的人给自己"定义"了，我定义了，"这个药是能够治好我的病的"，明白吗？这个就像是我定义了，"我患了新冠"，然后瞬间我的潜意识，就将对于应该符合新冠的状态，他们就全部就给我兑出来了；如果我不定义，他们没有理由给我兑上一堆的状态，你知道吗？

我的潜意识，那些思量心和习气不是我，他们是构成我这个人格意识的基础，可是我不是人格意识，我也不是思量心，我是已经超出了思量心的，那种生命本质的灵性。我能看到他们，但是因为我毕竟现在还……就说我在他们之中，我能看到他们，我不被他们所带动，但是我会被他们集体所淹没，就他们一旦要是形成了，他们可以聚集的理由，他们就会形成境界，而把我就淹掉了，你知道吧？

所以为什么我平常，我的心和意识不能相续的呢？我平常就是处在一个吃吃玩玩、闲闲逛逛的状态，不断地听着法，目的就是让我自己处在知觉的灵性的状态，而不让我的习气和细念的认知，与意识结合起来。他们结合起来，我就被掩盖了；我苏醒了，他们就会被我的光芒所净化的，这个就是此消彼长的过程。

我跟你们讲的是什么意思呢？安慰剂都能够治好一般的普通的病人，那么更何况跟我修行的这些人呢。未来的人啊，我的学生也好，还是听到我今天讲这堂法的人也好，无论医院给你定了什么样的"罪名"，我告诉你啊，医院真的治不了你的。

我身边的这些科学家，哪一个不是哈佛、耶鲁出来的博士啊？哪一个都是，任何一个都是啊，最差最差也是普林斯顿出来的呀。他们所有人谈到在临终的时候，都是不进行抢救的，他们都是签了字的，绝对不进行，不到西医去抢救，不插管子。因为他们就是从里面出来的，你们插的管子都是人家研究出来，他们知道能干什么。不要过度治疗，千万不要过度治疗。

医院定了你的绝症了——你是肺癌晚期、胃癌晚期、肾癌晚期、胰腺癌晚期、黑色素瘤晚期，都是绝症，治不了,这是医院给你的定义。但是如果你要学我的法,你是我学生的话,忘掉这种定义!你只能选一个。

我鼓励你去治疗,积极配合治疗,但是你要在心底里面把这个定义忘掉,为什么呢?那个医院给你的定义,他不是神给你的定义。神给你的定义就是,你的生命不可能有病!有病的是你的身体,而且那个身体的病,他只是一种状态,而是凡状态,他就存在着一个改变的过程。

就像是那个量子力学里面,那个"薛定谔的猫"一样,你的身体呀,原本就是盒子里面那只猫,在我们没有定义它之前,它本身就是好坏参半的,它本身就是死亡和活着叠加的这种状态。你的身体本身就是一个……

我们的每个健康人的身体里面都有癌细胞的,为什么有些人发病,有些人不发病呢?他跟那个"薛定谔的猫"有什么区别呀?我们的身体本身就存在着死亡和活着

050　生机

的两种叠加的范围，瞬间你可能身体里面的癌症暴发，你就死掉了；如果他不暴发的话，你就一直活着，活个两百年也没问题的。

我们身体里面，我们的皮肤上面，沾满着无数的病菌啊，那个何止一个新冠啊，为什么你活着呢？因为你身体里面的元气，形成的抵抗力，与它抗衡着呢。什么时候你的元气一衰败，那个病菌一暴发，你瞬间，一天不到，你就是分解了，你就变成一堆细胞了，真的。你说那些病毒，那些将人致死的各种各样的病毒，哪一个人身上没有呢？那是因为我们内在的抵抗力在制约它们。

当我们的抵抗力跟这些菌群呀，这些细菌之间的这种抗衡，平衡发生了这种改变——相续对冲的这种平衡状态发生改变，病毒占了上风，你的抵抗力、免疫力下降了，瞬间你就会是绝症了，要么是癌症，要么是败血症，要么是这个瘟疫、那个瘟疫。所以说，你现在所谓的健康状态也是相对的；所以说，你所谓得了绝症的状态，跟那个健康状态一样，也是相对的。

你们信我！如果真正地相信我，你的身体有状态，但是你的身体并没有病！中医是不承认疾病的，中医只承认失衡，知道吗？你的身体机能失衡了。所以说，不要用"病"，不要用"绝症"来定义你的身体状态，让你的身体状态，让你的心处在一个……

我这个不是说是在心理安慰，因为我跟你们讲的是我自己过来的状态嘛。把你的心放在学法当中去，让你的心保持在一种学法状态当中——那种持续性的、安宁的、忘我的、清澈的、纯净的状态，忘掉你的身体。

这样做的话，有三种好处。第一个，我讲啊，你的身体这次患了病了，医院诊断是绝症了，可能是你的因果到了，就说你可能真要死了，第一种，你的因果到了。

052　生机

跟我学佛呀，跟我学法，目的是灵魂解脱，我从来不去干涉人间的因果的，你该死就去死；我从来不会说是因为你是我的学生，你要死了，之后把你挽救过来。

第一个，我没这本事，我是个修行中的人，我不是跳大神的，我不会给你作法；我也不是人间的医生，可以救死扶伤。我是修行者，我救赎你的灵魂，我引度你的灵魂，我超度你的灵魂，而我真的是有超度你灵魂上天堂的能力的。你信不信，那是你的事；我能不能，那是我的事。

那么第一种，确实是你的因果到了，要通过这次疾病呀，走完你这一生了，你命中注定的结果就是病死了，这个就是你前因后果——你的前世定下来，今生的因果的现象。但是我告诉你啊，在你心灵的内在的愿望——我的主观愿望当中，把渴望自己身体好，把渴望自己长生的这个念头啊，彻底忘掉。

你不要当自己是有病的人，你只是身体出了个状态，正常地面对这种状态，就像是你感冒了一样，该治治，该休息休息，但是不要当回事。把你的心的主观能动性，放到学法当中去，去找，去培育，去觉察学法过程当中，你的身心深处，出现的那种清澈、纯净、安宁，而且无限温暖的那种感觉。去找那个地方，去体验那个地方，去住在那个地方，时间越长越好。

忘掉你的现实生活，忘掉你的现实的肌体，忘掉医院告诉你的，"你是绝症患者""你这个癌症、那个癌症"这件事情，忘掉。因为我告诉你，那个不存在的，那个是西医对于症状的结果，西医很肤浅的，不要相信他。

你要相信的话，我觉得你应该相信我，因为我毕竟是一个，从死亡当中解脱的生命。在面对死亡这件事情上，我可能比地球上所有的人都具有发言权，我是亲身经历的人啊。

054 生机

那么，当你的因果确实到了时候啊，因为你的心不在你这个自己的身体之上，你的心不在你的这个自我意识和主观意识，对自我的保护之上，你的心在学法过程当中，形成的这种安宁和清澈透明的温暖当中，而且持续时间很长的时候，温暖当中就没有焦虑，安全当中是没有恐惧的。

这个时候呢，也许有一天你真的大限到了，你只会觉得身体很疲倦——就是昨天晚上我熬夜呀，熬夜看视频太久了，今天早上起来有点精神不济，然后我休息一下。然后你就躺在床上，靠在床上，或者躺在椅子上，眯了一下眼睛，然后你的内在的心识思虑背后的那个灵魂，就是你清澈的那种灵魂——因为你学法了嘛，你的灵魂已经进到那种安宁、清澈和透明的感知当中了，那种感知呢，他就会净化你原本思量心当中的习气和恐惧——就直接，你就可以从身体里面走出去了。

你走出去，你离开这具身体的时候，你不会有任何恐惧，不会有任何痛苦。恰恰相反，在学法时候，培育出来那种安宁、纯洁、光明、清澈的体验，那个就会变成你真正的自己。当你离开这具身体那一瞬间，天道就会在你眼前浮现了。

那个感觉就特别明显，就是你从一个镣铐当中，解开了身心自我的镣铐，进入到了一个无限广袤的、由光构成的，纯净的、美丽的、幸福的世界。你不会有任何一丝一秒的，想回头看人间的，没有；你会本能地对天道很熟悉的，为什么呢？因为你平常学法的时候，熟悉的就是那个地方啊。

你平常学法的时候，熟悉的就是你内在的这种安宁、清澈、自由、安全和温暖的感受啊。我让你海量学法——每天读法、抄法，七八个小时，十几个小时，目的就是为了让你培养这个地方啊，而这个地方一旦培育出来的话，他是超越于你的身心
意识、习气记忆的。所以说你

的身心意识的，习气细念的这个自我死掉了之后，你是不可能带动那个地方的，你是不可能带动学法时候，培育出来这种纯净的境界的。

那个纯净的境界，就在你的身心意识死亡那一瞬间，他们就会脱离出你的身心意识，直接将你的灵魂——就是你的人格深处的细思量，灵魂，直接就带入到了，你平常熟悉的那个境界——那种清澈、透明、安全、温暖的完美的境界，那个境界就是天堂。那个境界进去了之后，时间都会很长。

这是第一种啊，就是你是注定死亡了，但是你死亡的时候，不会有任何恐惧，不会有任何痛苦，不会有任何的焦虑，也不会有任何的迷茫。你死亡的时候，就好像是从你家的客厅，走到卧室一样的感觉，很轻松，你意识不到自己死亡。但是当你从身体里面脱出去的一瞬间，你会想起我说的这句话：你再也不想到人间来了，再也不想了。就赶快走啊，赶快就又回到天道，你再也不想下来了,这个是我告诉你们的一个实情。

第二种状态呢,就是,你的死期没到,命中注定呢,你前世的因果呀,在今生兑现,你就是要患癌症的,就是要倾家荡产,就是要生不如死的,就是要天天在这种化疗和药物当中去折磨你,去摧毁你的身体细胞,去看着你的身体一天天地腐败、溃烂,直至变成一堆枯骨,这个是你的恶业。你过去可能做了很多坏事,而导致你今生的这种惩罚吧,疾病是对于人类罪恶的一种惩罚。

但你现在学法了嘛,你现在跟我在一起修行了,而现在的修行者,已经是一个证到无生果位的,入了佛地的大菩萨。这个东西没有什么值得谦虚的,那释迦牟尼佛为什么不谦虚一下呢?因为佛是不妄语者,知道吗?佛是不说谎的,到哪一步就是哪一步。

那么,今天你学了法了,今天你学了佛了,今天你跟我在一起修行了,我告诉你,忘掉你的身体,忘掉你被医院定义的各种各样的绝症的词汇,把你的心放到学法当中去,把你的心放到对真神的虔诚当中去,神的光明、神的温暖、神的爱,会穿透你的自我,安抚你的灵魂。

当你的灵魂,在真神的慈悲与爱当中,逐渐地能够放开对自己生死的恐惧的时候,你的身体细胞微观下的每一个生命信息的记忆,就会被法中文字背后、声音背后所蕴含的光明,所清洗、净化、改变。

死亡啊,我告诉你们,死亡啊,是你们细胞当中习气,对于曾经死亡的记忆。如果你的细胞当中的习气记忆,没有对死亡经历过,今天医院给你下了诊断书,你要死了,你也不知道那是怎么回事。因为你的细胞里面,有对曾经的身体的死亡的记忆,他才会恐惧,明白吗?

这个是一把刀,这把刀是很利的,

这把刀放到我的胳膊上，划一刀他会出血的，我会疼的，明白了吗？现在我旁边放了个婴儿——一岁，刚学会说话，他会爬，他拿了这把刀了，他就敢往自己胳膊上划，为什么呢？他对刀没有记忆的，他对刀割开身上，身体会疼，会流血，他是没有体验的记忆的，所以他什么都敢。

我们的肉体细胞也是一样的，我们的心灵当中，我们的身体的细胞之内，蕴含的这些习气和记忆，因为曾经对于我们身体过去的状态，有过体验——他曾经在轮回的过程当中，对于生死的状态有过体验，所以他对于疾病和生死有着本能的恐惧。他因为这种恐惧，将细胞的记忆凝聚起来，形成了你今天的面临死亡的状态。

换句话说，如果你在你的内心深处，在你的信仰的那个层面，彻底地将自己的身体的死亡和疾病的这种状态，把他接纳了，宽恕了，融化了，以你的对于真神的无限的信仰，把自己生命的全部，交付于真神的这种笃定的虔诚感，面对你即将死去的这种人格上的无助和恐惧感，这个就是你的修行。这个时候就看出来你修行的程度了：你是相信神呢，还是相信科技呢？你是相信光明的天堂呢，还是相信恐惧将你带入自我的挣扎呢？这个就是选择的时候。

如果你要是选择了，对神佛的信仰和虔诚，你就不要在意，这具身体的健康或者死去。因为无论释迦牟尼佛，无论是任何的觉者都告诉你，这具身体和你没什么关系的。释迦牟尼佛没讲灵魂啊，释迦牟尼佛讲的是五蕴六识，但是佛经里面也经常提到这句话，就说是：行善的人啊，他死后，他的精神上了天道；行恶的人，他死后，他的精神堕入了地狱。

他这个"精神"是什么呢？精神就是其他宗教里面所说的灵魂。但是释迦牟尼佛，祂是以我执识啊……五蕴六识，就是"眼耳鼻舌身意"，还有一个我执识，这个我执识就是我们所说的自我——自我感知、自我体验；自我体验和感知背后的细思量——那个情志，那个就是灵魂，就是人的精神。今天我把他说得更细致、更具体一点，因为我已经超越了这个地方，所以我就可以能够引度，甚至于超度这些灵魂了，今天我已经有了这种能力了。

当一个身患绝症、癌症晚期的患者，但是你的这个寿数还没有到，命中注定还要让你在人世间，经受很多年的这种痛苦啊——躺在病床上生不如死的这种痛苦，那么我就告诉你：忘掉医院给你的这种绝症的定义，将你内心的信仰，将你主观能动性的虔诚啊，献给神佛，用尽你全部的生命去听法、抄法、读法，去寻找抄法、读法、学法时候，那种安宁的、清澈的、透明的、安全的温暖感。

这种感受当中，没有痛苦；这种
光明纯澈的心灵的清醒当中，也

062　生机

不存在生或者死的状态。他没有痛苦,他也没有焦虑,他没有折磨,他也没有死亡。住在这个地方,这里有神,用你生命最虔诚的渴望,去将自己生命的一切,交付于神佛。

不要去祈求祂,帮你治好癌症,如果你有这样的想法的话,那么你是对于神佛的玷污,祂不是你家保姆,祂也不收钱的。人间的钱,超出于人类这个世界,那个是一文不值的。不要说超出人类世界了,现在你就算是亿万富豪,几千个亿,把你孤身一个人扔到撒哈拉沙漠里面,扔到亚马逊雨林里面,那些钱也是一分不值的,知道吧?

所以不要试图用钱买神佛,你要去渴求祂收下你的灵魂。用你灵魂全部的信仰,去虔诚于佛,渴求神佛在你有限的生命当中,去开启你的智慧,抚慰你的灵魂,去超度你灵魂的痛苦,而不是解决你肉体的痛苦。

你的灵魂真的在学法过程当中，获得了安宁了，获得了神的祝福与爱，获得了光明的温暖与净化了之后，那么你身体上的痛苦啊，随着你对于痛苦记忆的这种释怀，你身体上痛苦的症状啊，真的有可能，一天比一天轻，直至痊愈的。

我没有跟你们在这儿打妄语啊，我今天跟你们说个事实啊。如果说从有医学以来，从人们可以检测癌症以来，所有的科学家、医生，对癌症这个词的定义是：患了癌症，这个人可以延长寿命一百年；患了癌症，这个人可以返老还童；患了癌症，患了绝症，这个人生命可以变得更加地年轻，更加地靓丽。我告诉你们，全世界每年因为患癌症而死去的人啊，可以减少一半。真的，我绝绝对对不夸张的。

因为癌症本身致死的这种患者，只占了整个癌症病人里面，不到20%；80%都是因为过度治疗，各种各样的并发症，包括被自己吓死的。吓死的人占了一半；

另外 30%，可能是因为并发症呀，各种治疗手段引起的死亡；真正死于癌症本身的，不到 20%。你们可想一想，这种病的"定义"，对于细胞记忆的生命的这种摧残有多深。

我们的生命，是由细胞构成的，细胞之下呢，有蛋白质，有核酸，有 DNA，有基因，对吧？什么叫基因？什么叫 DNA？在我们还是一个卵子、一个精子的时候，那个精子里面就含着 DNA 啊，就含着遗传基因啊。现在基因工程，改变了那个精子的信息，里面的信息，就决定了这个胎儿，这个受精卵，未来生下来的时候，他的头发的颜色，眼睛的颜色，他的身高，他的皮肤，甚至他的性格都能决定。

你们想一想，这些 DNA，这些基因，难道他不是生命的记忆吗？那么构成 DNA，构成核酸基因的这些记忆的深层次，是不是含有生命的记忆呢？当然有了，不然这些记忆从何而来的呢？这些记忆只是目前人类科技手段探测不到而已，但是修行中的人，是可以看得

住在这个地方，这里有神
用你生命最虔诚的渴望
去将自己生命的一切，交付于神佛

到的，我可以看到。

你们知道，我经常在讲法的时候啊，我在给别人评价他的修行的时候，说得很精准，当事人都会觉得很惊叹，"哎呀，老师你真神啊，你怎么什么都能知道啊？"很简单，因为我能看到你们每个人的心思，就是宗教里面所说的那种"他心通"吧。"他心通""天眼通""天耳通""宿命通"，我都有，而且各种神通，这种能量是越来越强盛了。

为什么呢？不是我有意修出来什么神通，不是的。是因为我的内在，我从小到大，只仰望真理的那颗虔诚的心，祂最后发展到我的生命当中，形成了一个脱离我人格自我的纯净的心。虔诚心变成了纯净心，纯净心在我生死劫难过程当中，毅然决然地接纳了我的死亡，从而苏醒了我生命当中，不生不灭的原始的智慧——那个觉性。那个觉性透过于我剩下来没有修行圆满的，觉知的残存的细思量，折射出来了我人格内在的，取代了我的人格认知的感应力。

所以说，这个清澈的灵性感应力，在我的身心当中，我可以在一刹那间，看到构成自己思量心的，无始劫来无尽无限的，空间当中无尽无限细腻的，那些细念的相续，以及那些习气与细念相续形成的经验。每一个经验，从何缘起的；每一个细念，他是如何分别的；每一个习气，他是如何记忆的；每一个记忆和细念聚合起来形成的经验，他又是如何聚合，相续成为下一个细念的基础的：我看得都很清楚。

所以说，对于我心识内在的这个自己来说，我已经不再是人类的心识记忆的分别了，我已经是熄灭了心识记忆分别的，那种纯澈的感应力了。感应力当中看细念啊，就像是你们看自己手心的掌纹一样，很清楚的。

我能够看得到自己的，构成思量心的，行阴流的无限细腻的习气记忆的相续；看到由习气记忆相续，构成的人的经验认知的想阴；看到想阴的自我意愿的每一个企图记忆的历史；看到每一个自我企图记忆的愿望和意识结合后，形成的体验与概念，相续而形成的境界名相的过程。

所以说，在我这具身心之内，从心灵的本体意愿没有形成之前，那些形成本心愿望的因素的，那个境界当中，我就已经知道了，他下一步要形成哪个念头。下一步要形成哪个念头，这些念头聚合经验形成某一种认知，认知聚合体验形成某一种感受，某一种感受然后又聚合，又推动意识跟概念结合起来，形成某种名相，在他发生之前我就知道了。

换句话说，我是能够……我是瞬间啊，修行者的内在，是瞬间可以整体看到我人格的，心意相续的整个的流程的。换句话说，这个身心自我、意识自我、情感自我、体验自我和心愿的人格自我，都不是我了；我是可以同时同步地，

看到他们在运行，但是我却是看到他们的我，却不是心意相续、人格形象的这个自我。

你能明白吗？就想阴破的人啊，有一个特点，你可以同时看到，你的感受和意识相续的过程的。不是说，像是你们正常人说，"啊呀，我能看到我的思维"，在你能够注重看到自己的思维和意识的时候，你看不到自己的感受的，百分之百看不到的，绝不可能看到的，绝对没可能看到的，你们相信我。

你说，"哎呀，我这会儿能看到我心底里面那个感受啊，那个体验"，当你看到体验的时候，你看不到自己思维的，你百分之百看不到的，没有可能看到的，你知道吗？只有想阴破的人，你是可以同时看到，你的内心的思虑和你思维概念的相续过程的。

你整个的——整个我们所说的人类的身心灵，身语意，意识记忆，情感体验，人格自我和身体的整个的细胞的信息，就像一件完整的衣服一样，被脱下来了；而脱下衣服的你，却是无形无相的，那种纯澈轻盈的那种感应力，那种感应力是灵性的折射。

换句话说，现在的我就是生命天堂的光明，折射在身语意，意识当中的感应力。在感应力当中，人的心识的这种细腻的细念和习气的记忆呀，是看得一清二楚的。我能够看到自己，当然就能看到你们，因为你们的那个想阴啊，思量心当中的习气和记忆，习气记忆和细念分别构成的那种体验，由体验构成的感受，由感受凝聚你们的认知，形成的这种人格，和我整个的"色声香味触法"，五蕴六识形成的这套机制，是一样的。

换句话说，我们在想阴那个层面，整个是一个……就说我的想阴和你的想阴，是连在一起的，这个是一个过去的人们所不知道的事。就说是，这个世界，我们现在坐在这儿听课呀，你们能够听懂我说话，我能够看到你们的形象，这个称为共业——是我们共同的业力,明白吧,这个共业。

我看到你的形象,你的形象在我眼中的模样,这个是别业,但是我们共同一起,聚合到一个环境,这个是共业。也就是说,当我脱离了我的身语意、身心灵的,这种习气与细念构成的生死缘起的境界了之后,你们生死缘起的境界,在我的觉性当中,在我的灵性当中,在我的感应当中,是非常清楚地、毫厘不差地展现出来了,这个就是佛教里面讲的"他心通"。

实际上没有那么复杂,但是你想达到这一点很难,因为达到这一点的话……拥有他心通的人啊,不一定脱生死,但是脱了生死的人一定具有他心通,就这么讲吧。

现在咱们再讲回来,还有第三种情况,就是这个人,身体患了病了,但是他也不死,原本定的他患了这个癌症——淋巴癌啊,肠癌、胃癌啊,可能要折磨他七八年,荡尽家产,

让他生不如死地在病床上煎熬，最后把他家仅有的几套房子卖掉，然后债台高筑，让几个孩子都没有活下去的资粮了，然后才能让他死掉，这就偿还你前世的业力。

但是呢，毕竟，你有这个因缘，在这个空间，在这个世界，听到了觉悟者讲法。我跟你们说一下啊，今天我是个觉者，我可以当之无愧地说是一个觉者，但是觉者呀，不是佛，觉者更不是大如来，佛也不是大如来。

实际上你证到奢摩他，就算觉者了。只要你证到了你内在的这种见性啊，清澈无染，无挂你的身心意识，无挂你的自我的这个身心的来去生死，你就是个觉者了，一个罗汉算是觉者了。但是觉者不是佛啊，佛的话，八地以上菩萨就算是佛了，但是都不是如来。

但是你今天，在你有生之年，你毕竟是听到了一个觉者讲法。觉者有智慧，同时，祂也是具有一定的能力的，祂可以对于灵魂，起到净化和超度的作用。那么我是来在人世间宣扬真理的人，归正这些各种被历史上的魔鬼扭曲的佛经的，一个正法者。同时可能，虽然我没有这样的愿望，但是我确实做着这样的事情，就是在人世间，救赎一些灵魂，虽然数目不是很多，但是毕竟我在做这样的事儿，你听到这个录音也是你的缘分，也是你的福报到了。

那么，原本要让你倾家荡产，让你受尽人世间酷刑和折磨的这个癌症，他或许就变化了性质了。他就变成了，你去在你的内心，扭转了在人世间活着的目的与方向那一瞬间……你活着，不再是为了在人世间当个人了，而是为了在听到佛法之后，修炼、解脱的这么一个修行者了。

那么落在你身上的曾经的这种业障，他就从偿还业障，变成了一个锤炼你信仰的基石。你可能通过一次一次的病痛，通过接纳病痛，锤炼你对于神佛的坚贞的信仰、虔诚；一次次的痛苦当中，锤炼着你对于自己一次一次的这种自我保护的放弃，净化着你对于神灵，对于真神，对于真理，一次一次的，对于灵魂无所保留的这种贡献，这种奉献。神佛不要你的钱，不要你为祂做任何事儿，神佛只要你的虔诚。

那么，你可能通过，原本要让你生不如死，荡尽家财，折磨着你千疮百孔的这个疾病，最终会成为你修行得道的资粮；那么可能十几年之后，别人都死干净了，你呢，不仅没死，身体康复如初了，而且内在还明心见性了呢。

所以说这一切，都是心灵作出的选择。你要么接受医院给你的定义——"死，即将死掉的鬼魂""你是癌症、绝症，你马上要死了""你已经是具尸体了"，你要么就接受这个定义；要么你就接受真神今天的定义——你没有病，你有的只是身体失衡的状态。

去调整你的状态，同时你的心里面，要忘掉你的身体；你的心，要忘掉人世间拥有的身份、形象、财富以及你的疾病。要忘掉这一切，让你的心在遗忘当中，住到学法过程当中形成的清澈、纯洁、安宁和温暖的安全感当中来。那个地方是天堂，那个地方是天道，那个地方是你癌症痊愈的起点，那个地方也是你明心见性，觉悟成佛的核心。

今天我跟你们讲的这些话，讲的这堂法呢，因为这个是我自己亲身实证的，我不说谎的。在这种生死大事上面，我永远不会跟你们讲什么道理，我讲的都是自己亲身实证的。忘掉科技对于你身体的定义，因为科技只能诊断，它没有治疗办法的，西医对癌症没有治疗办法的。

通过化疗、放疗治愈的病人……这个是科学界统计的啊，这不是我在说的，这西医承认的，通过化疗和放疗治愈的病人，比不通过那些治愈的病人啊，平均持续的寿命，大概就是两年时间。可能绝大部分都没有两年，可能就是一个半年时间，但是会让你倾家荡产、负债累累，会让你生不如死。那两年，剩下的多出来那两年时间，每一天就跟上刑一样，毫无生活质量可言，毫无生命尊严可言。

进到西医院的病人，你躺在医院病床上的时候，你的人格的尊严啊，就是你的人格属性，就被当场就扒掉了——躺在医院病床上的，那叫一堆器官。听清楚了，进到医院之后，你在医生的眼中不是一个人了，就是一堆器官了，他们只在意器官的指标，他们不在意你个人的人格感受、人格尊严、人格需求，不在意的。在他们眼中，只有器官活着，才是人活着，明白吗？

换句话说，他们为了保证器官活着，他们可以扼杀你的人格，扼杀你的一切需求，这是我亲身经历的西医。你到病床上，你就是一堆器官而已；他们只在意器官的指标，不在意你的个人感受，也更不要谈你的什么个人需求和人格尊严。扯,进到医院,你就是一堆肉!肉哪有什么尊严可言,肉怎么可以有自我需求?不可以的。

所以说,这个是我劝你们的,至于说你们怎么选择,我只是尽到我的心而已。要么你就选择,被医学定义;要么你就选择,接受神的这种祝福,忘掉定义,让你的生命,让构成你身体细胞的生命记忆,在天堂之神的爱与光明当中痊愈。

天堂是可以痊愈生命的,因为一切生命信息的源头,都源于灵性天堂的光明。所以说,为什么听我讲法,很多绝症患者,不药而愈了?他们什么都没做,他们就在听法、抄法,他们的身体癌症就好了,为什么呢?因为声音背后,是源于天堂的光明与爱。

天堂当中啊,祂是没有死亡的;天堂当中,就没有一个自我的体验;天堂当中,祂没有生的分别,也没有死亡的恐慌。天堂是完整、无限、轻盈、永恒、亘古不变的爱与光明。生命，作为一个人格自我来说，真正我呀，对于我吸引力最大的不是悲能，是天堂。天堂那个地方，你只要能够进到天堂里面去，那个你真是太幸福了。

天堂的感受，第一个感受就是，永恒的生命。时间消失了，这个地方就是永恒的；空间消失了，这个地方是完整的；黑暗消失了，这个地方是光明的；自我消失了，这个地方是无限的。这个地方是无尽的爱，无尽的欢乐，无尽的幸福，无尽的光明，无限的生命和永恒的不变的那种欢乐与完美。

那对于一个人而讲，对于人格的心意体验来讲，那个就是极乐——永恒无限的极乐了。但是，就是因为现在我是前段时间又经历了悲能，在悲能那个地方看天堂啊……就是你们看那个万里长城啊，很巍峨，是吧？故宫啊，那

个建筑都非常高大、非常巍峨。然后有一个三岁的小姑娘，小男孩儿，用那个纸壳子呀，糊了一个长城，糊了一个故宫，天堂就是类似那种，天堂属佛的仿造品。

天堂，就是灵性宇宙，是悲能的倒影。悲能像太阳，觉性就是太阳绽放出来的光，而天堂就是那个觉性，倒映在水里面的光影。但是对于我们人类这个人格而言，后两个你根本够不到的。那个觉性，那个法界的纯智慧，和那种视纯智慧都为凡夫的那个悲能，你根本就够不到，你不要想够到，那不可能的事情的。

我修行了三十年啦，三十一年了，我也就是算上这一次，大概就是第四次吧，才进到悲能里面去，每次就那么一两秒钟时间。一般人就不要想这个事情了，连觉性都不要想了，因为觉性也不是我能够修行达到的，那个是我在死亡之后，因为我选择了接纳我的死亡，才苏醒了那个无生无灭的觉性。

080　生机

我们能够选择的就是天堂，但是我说老实话啊，作为一个有人格自我认知和体验的人来讲，对于我，我心心念念渴望回去的地方，我心心念念一心一意惦念的地方，让我每天舍生忘死，能够舍弃人世间一切的荣华富贵，心甘情愿过着避世的这种清淡的生活的，就是因为有天堂的照耀。

天堂给予我的每天的这种……因为我现在的身体，就是那个知觉身，我可以沐浴在，体验到，天堂那种无尽的爱和无限的安宁喜悦的，纯净清澈的光明——我时时刻刻，都沐浴在这种天堂圣光当中，所以说人世间，无论我是穷的、富的、生的、死的、病的、健康的，对于我都是无所谓的事情，真的无所谓，确实是无所谓的。

我跟你们讲吧，我说一个最不恰当的例子啊。你现在戴着一个3D眼镜，沉浸在一段故事里面。这段故事里面，你是一个乞丐，你是流浪在社会底层的，睡在阴沟里面一个乞丐，每天吃着别人扔的垃圾，下脚料那些垃圾，就是你每天果腹的。

但是你知道这个是个剧情，你知道吗？因为你戴着3D眼镜，它虽然很身临其境，味道也很难闻，身体也很痛苦，可是因为你知道你是戴着3D眼镜的，而你只要摘掉这个眼镜，你立马就身处在皇宫里面，你是整个宇宙当中最豪奢王国里面的皇帝。你还不是王子，你本身就是皇帝，你统辖着整个宇宙无限无量的微尘宇宙的国土，你拥有着无限的权力和无上的荣耀，只是你现在在做着一个卑微的乞丐的梦。

这两者你是同时存在的时候，同时体验到的时候，甚至于国王的那种感受、那种威严、那种光明，时不时地，甚至时时刻刻都透过你的3D眼镜，折射在你这个悲惨梦境当中的时候，那么你在3D眼镜里面看到的、感受到的、觉受到的这种悲惨的
生活，对于你来说，真的无所谓的。

因为你知道那面才是真的,你知道吧。

现在对于我就是这样子的,对于我而言,天堂才是真的。因为祂是永恒不变易的,因为祂带给我内在的细胞深处那种亢奋极乐,是比我人世间的任何感知欲望,来得更加地深刻、凶猛、永恒,并且源源不绝。

人世间能有什么快乐呢,你们告诉我,能有什么快乐呢?男人最大的快乐无非就是性交嘛,射精的时候那一两秒钟;然后就吃饭嘛,然后就被别人奉承你几句"你是领导"嘛,然后就是有了点钱,买点新衣服,买个跑车,过一下你的虚荣的瘾。这些东西都是暂时的,来了之后很快就没有了,他要通过不断地对比,不断地刺激,你才会有新的这种兴奋感产生。那种兴奋感,持续的时间,既短,又肤浅,又可怜。

而天堂,内在的这种知觉天堂,带给我知觉内的,那种细腻深邃的觉受的快乐,是无穷无尽、源源不绝、永恒不衰竭的那种……我跟你们讲啊，就好像你们看那个惊涛拍岸——那个海啸的时候，那个海浪，几十米高那种海浪，拍在悬崖峭壁上那种感觉。如果把海浪换成光明，光明拍打在空间当中那种感觉，那个就是天堂的感觉。

天堂当中那种光明涌动的时候，就是那种无限汹涌的、觉受的光明浪潮，拍打在觉知存在那种宇宙的空间当中，形成那种光明的流动、流淌。有一句话叫作"云起云涌"，就好像是虚空——万米高空之上啊，那些云层，在不断地流动，在不断地形成各种各样的旋涡，旋涡之间在不断地相互挤压，然后相互相融，就震荡起了新的这种光明波动，就有点类似那种感觉。

但是我说的只是一种形态，但是实际上，这种形态带给修行者的，是内在的觉受内的，那种无尽的、汹涌澎湃的、永恒的、无限广袤的、深邃的、浑厚的、永无止尽的狂喜、极乐、幸福以及安宁。

你们知道这一切的幸福激越的感觉的底色,是安宁的底色,祂是完全的安全感,完全的安宁与纯洁感。祂虽然会有男性性高潮射精时候那种快感,但是祂却是极尽纯洁的,祂没有男女色相,祂只是那种亢奋、愉悦、纯净的光明的璀璨,那个就是天堂。对于我们三界六道当中的人来说,进入到天堂,你就值了;进到天堂,你就没有"死亡"这一说,而且是永恒的幸福。

但是天堂,实际上是觉性的折射。在觉性那个境界当中,祂是无生无灭的,祂没有一个可以体验天堂的觉知,祂也没有一个天堂的这种纯洁光明的对境存在。觉性就是渗透在十方三世过去未来,一切众生心识细腻分别的当下的,那种圆满纯澈的无挂。

觉性可以用"庄严"来说,觉性之上,还有悲能,在悲能当中,觉性跟迷失是一回事儿。在悲能当中,觉照十方的大菩萨和迷失在三界六道当中的凡夫,是平等的,天堂跟地狱是平等的,生和死是平等的,那个佛陀呀，和一个鬼魂、一个细菌是平等的：那个悲能。

所以为什么过去在宗教里面，有句话叫做"在圣不增，在凡不减"——在圣贤，在佛、大菩萨之内，祂那个性质没有增长，在地狱的恶鬼和轮回的这些众生当中，祂的性质不会被损减，"不增不减，不生不灭"嘛。但是，悲能已经远远超越了这四句话了。

但是那个东西，我也就是跟你们说一说而已，我也到不了那个地方。我现在可以到觉性，我平常是处在灵性的这个天堂的状态，我六天一次，有一天时间可以在觉性里面。但是距离悲能，我也就是给你们吹个牛而已，那个哪能是我想的事情啊。

视频

音频

我面对人世间只有一个目的
让人们有力量直面死亡
神会陪你渡过，你未知的死亡的深渊
有神在，光明就在；有神在，安宁就在
有神在，希望就在；有神在，天堂就在
天堂的神，与你们同在，你们永远不要害怕
我为我说的每一句话作证，时间会为真神作证

癌症

原本今天的这个状态啊,他不适合讲法。因为讲法嘛,讲的是神的东西。只有神佛才能知道的东西,在人世间表达出来,那个叫"法"。那么,实际上,今天我是处在一个,就说半明半暗的状态,他不是那种全知全觉的大光明的状态。但是为什么还要说呢?因为实际上今天的讲法,是我要去忏悔自己的错误的一堂法。

090　生机

当我自己有了错误,我去及时地纠正这个错误,发觉他,披露他,曝光他,从而认清他的细腻的动机,以及动机背后连带的,久远劫的这些迷惑与分别的业障。这个道路本身就是修行,这个是文殊的忏悔法门,非常伟大,也非常直观。

我一直不知道自己修行到什么地步了,因为我对这东西不是很关心。我只关心实相,我不关心自我,我不关心我自己的成就。因为这个自我在实相当中,根本就没有存在过。

平常在我没什么事情的时候啊,在外界没有任何冲突的时候,我的状态还挺好的,祂是处在一种半神到佛的之间轮回的状态。就是在我平常的状态的时候,我的心和意是不能相续的。就说我可以去逛街、看电影、玩游戏,这可以,但是我不能够做任何事。有任何事情,有任何具体要让我需要完成的事,落在我身上的时候,那么我整个的人,整个的人格一旦凝聚起来之后,对于我内在的这种觉醒的生命，那个是一种摧毁性的障碍。

我前两天不是配了台电脑吗？因为我过去那个一体机坏了嘛。我过去用的是别人淘汰给我的一个苹果的iMac一体机，我用了4年多、5年时间吧，后来主板烧坏了，蓝屏了。没办法，我自己配了一台。

这个配电脑啊，它总共就是12个零配件。主板啊，CPU啊，内存啊，硬盘啊，显卡啊，你把它组装起来，然后把线一插，一按那个机箱，它就亮了，它就开始跑了。然后它就自动出现那个主板的屏幕，你就装系统就可以了。任何一个10岁以上的孩子，就可以装。

然后我呢，我也就让我的兄弟，就是说我两个非常好的朋友，让他们帮我列出单子来，然后我在亚马逊上购买。然后运到我家里面来，我就按部就班把它装上了。装上了之后，一切都很顺利，第一次点亮了。点亮了

092 生机

之后呢,用了两天,它坏了。

坏了之后,当时我们就分析情况啊。因为当时我们买的那个零配件里面,有一款主板啊,就是华硕的Z790这个主板啊,它没有全新的。但是我那款CPU呢,只有这一款主板支持,所以我就只能买二手的。然后,第一块主板不是坏了吗,买了第二块,依旧是坏的。买了第三块,这次我放聪明了,买了块全新的主板,它是同一个品牌,那个型号也是Z790,但它那个等级低一档。然后买了一块全新的主板换上来之后,还是不亮。

然后我们就开始推,就是倒推嘛。就是电脑坏了之后,你没有办法的,因为你没有检测工具,你只能一个零件一个零件地换。然后我们就开始换内存,把内存换了,隔了3天之后,寄过来之后,插上内存,还是不亮——这已经换了第四块主板了。然后,我又买了第五块主板,是它华硕品牌里

面，最好的一款所谓的"板皇"。买回来，显卡也换了，CPU 也换了，应该没问题了吧？插上之后，还是不亮，连那块主板的灯都不亮！

这个时候，人就整个处在崩溃的状态了。原本装电脑这件事情啊，就是一个小孩拼积木，你知道，就是那个七巧板，拼积木，拼上就能好。别人装电脑都是"1+1=2"，我是"1+1= 薛定谔的猫"，你知道吗？我只有按那个电源开关那一瞬间，我才能知道结果。到了最后，当我换第六块主板的时候，我都没有信心开机了，你知道吗？我都没有信心去点亮那个按钮了。

我一定要等到我那两个兄弟在场，就是我们三个一块来处理这件事，看它的问题到底在什么地方。最后，我又把 CPU 这个最不可能坏的零件，我都换了，然后又买了第六块主板。买了一块其他品牌的——微星的主板，非常贵，那一块主板相当于别人一台电脑的价格。这次终于点亮了。

你要知道这个过程当中啊，它耽误了我 1 个月的时间。因为它东西送过来、退货，他是需要时间的。有的时间还比较长，大概需要 1 周的时间。在这 1 周之内，我就能感觉到，就说我身体里面啊，有一个很深很深的地方啊，就非常焦虑。祂告诉我：你在人世间活着的每一秒钟，都很珍贵。但是我现在没有办法，因为说是当这件事情不解决之前，我的潜意识里面，他是记着这件事情的，因为他一直是——我找不出问题来。

就是一台电脑，它原本就是各种零件拼装起来之后，你一按电钮，它就好了。结果我把所有的零件换了一遍，它依旧不好的时候，我就不知道问题出在什么地方了。也就是说，在我的潜意识里面，它这个电脑对于我来说，是一个"薛定谔的猫"，你知道吗？是一个不可测，别人都是"1+1=2"，我是"1+1=X"——就是它永远有不确定的因素。不确定的因素的话，我就找不到问题在什么地方。那么最终就是一种结果：所有的零件我可能都要退掉。

那么我就没有电脑可用了。那么我去买一个新电脑的话，我又要受制于人。因为新电脑，它们价格确实不贵，就说我自己买零件，自己组装的价格，可能还没有人家卖同样配件组装的电脑便宜呢。但是他们要靠软件挣钱，那么以后你每一次做系统，每一次清理垃圾，每一次要用那个 Word 系统，都要给他们交费，那个是无底洞的。就说是，那些商家，卖电脑的商家，他们不靠硬件挣钱，他们靠的软件和服务挣钱。那个 1 年的话，便宜的话，大概 1000 多美金，贵的话，那个就说不上来了，那个费我付不起的。

直到最终把这件事情解决了之后，然后这两天，大概这才过了第三天吧，我这才整个地恢复过来。你们知道什么叫疲于奔命的感觉啊？就是我这种状态——内外交困，疲于奔命。就一个小小的电脑，我完全可以不做这件事情，但是我又不得不做，因为我需要这东西。我生活当中只有两样电器跟我有关系——一个电脑，一个汽车。

然后紧接着呢……后来，我就跟我那两个兄弟，反思这件事情：就说为什么会出现这种情况。后来我就总结了一个经验教训：就装配电脑啊，什么东西可以用二手的，什么配件可以用二手的？电源、显示器、显卡，这三样东西可以用二手的，包括CPU都可以，但是主板，一定一定要用全新的。

因为主板啊，很多人买回去了之后，他是用超频，他是玩那种大型游戏超频用的。它里面的电路只要烧坏一根电路，你整个主板就报废掉了，但是从外面看不出来。但是亚马逊上，他们那个……因为他们每天吞吐量很大了。他整个美国，整个加拿大，他那个吞吐量很大的，每天可能上千块主板在流通。

他的坏的主板啊，他发回去了之后啊，那个客户发给他的时候，他是不检查的。他们销售商家，他们也没有能力检查。他就连包装都不拆，他就运给另外一个人了。如果那个人能用好，那就OK了。用不好，再收回来，再寄给下一家，他们中间是不检查的。直到最后大概退回来五六次，确实说这个主板坏了，他们才会发给厂家去维修。

所以说，在网上配电脑，只有这一样东西不可以买二手的——就是主板。这个是我自己啰哩啰嗦，给你们讲了这么件事情啊，我就告诉你们，这么一件小小的事啊，它就会让一个修行者，大伤元气。

那么在这个前提下，就说我已经让这么一个电脑，折腾了我一个多月，我内在的那个"我"呀，都已经非常非常地焦虑了。就祂告诉我：你在人世间活着的每一秒钟，都很珍贵。但是我没有办法，因为我的潜意识惦记着这件事情，我不知道问题出在哪里了。那么一个带有疑问的，不可以解决的问题，放在你面前的时候，你是不可能装作视而不见的，你知道吗？我又是一个做事情很认真的人。

后来的话，我动用神通看了一下，我在大概3天之后，这件事情能解决。果真第三天，这个事情解决了。在我两个朋友的见证之下，按了那个电钮，它那个显示屏上终于有信号了！在那一刻，我都是热泪盈眶啊，哈哈哈哈。紧接着又发生另外一件事，这件事情对于我的这个……今天我讲法呢，就是想告诉你们这件事情。这件事情对于我的影响特别大。

我有一个大哥，年龄比我大6岁吧，五十六七岁了，也是我的学生。这个人对于我非常重要，非常重要。在人间这个层面呢，就是我称呼他为"大哥"；但是在修行这层面呢，我把他当儿子一样看待的。就他对于我非常忠诚，绝对地忠诚，绝对地听话。但是他对于我只是一种在人格情感上面的依赖与相信，他并不具备认识一尊佛的力量。但是他这么许多年来，他帮助了我很多次，你知道吗？尤其在我陷入绝境、困境的时候，帮助了我。

我有两个体系的，就好像你们买了那个苹果电脑之后啊，它会有一个mac系统（macOS），但是很多人用不惯mac系统，他要重新在mac系统的基底之上，装一个Windows系统。Windows系统就是我们的心意人格这个系统，而我内在的mac系统，是我这个整个生命内涵底层的逻辑盘。就说我整个的Windows系统，是建立在这个mac系统之上的一个表现。但是在我内在起决定性作用的，碰着重大问题的时候，我一定是由我内在的那个mac系统，作出来的决断。

这个大哥啊，这些年来，因为他是看着我这个一步一步地修行过来的，他对我深信不疑，非常忠诚，就是绝对地信赖。我在几次遇到那种过不去的重大难关的时候，我也只向他一个人开口。我为什么在人世间不收供养？第一个是为了维护信仰的纯洁，第二个为了维护教法未来的健康，第三个还有一个我个

人的原因：我不喜欢欠人情，你知道吗？我任何人情，我都不欠的。

因为你收了别人的供养，就意味着你收下了他对于你的这份尊重。我不需要的，我不收任何人的尊重和崇拜，我们只是在灵魂层次上的……就说我在灵魂层次上，是一个离开了"我、人、众生、寿者相"的普照智慧，对任何众生都是平等的。我不会因为你供养我了，而多看你一眼；我也不会因为你背离我了，而去惩罚你。不会的，我看所有众生都是一样的。

那么，在我内在的脱离了"我相、人相、众生相、寿者相"的，那种圆觉普照的慈悲心当中，那么这位大哥，他对于我的帮助，不是他对于我的帮助，是我给了他这个机会而已。是我给了他这个机会，在我人生当中碰着几次重大的这种灾难的时候，他能够伸出援助之手，并且以他的一己之力，去帮助我教法的弘扬。所以说，我并不会因为他……

就在我那个 mac 系统，在我底层逻辑的，神佛的那种智慧普照当中的话，那么是这个生命，他轮回了亿万世亿万劫，今天终于等到与一尊如来同世的机会；并且他拥有了别的生命都不可能拥有的，这种无上荣耀、殊胜的，弘扬法、供养一尊佛的机会。这是他的荣耀，这是他祖宗十八代的荣耀，这是他灵魂生生世世的幸福。

这两天我终于搞清楚了一件事——为什么觉性，祂看灵性，是属于障碍了。这个是我这两天，我才明白的事。因为我才到这个地方来嘛，这又推进了一步了，到这个地方来了。

在我内在的那个体系里面，就是修行者觉醒觉悟的这个地方，是没有我自己的。没有我自己，也没有众生，没有时间与空间。反过来讲，一切时间与空间，都是背离了我，而形成的一种倒影。就说整个宇宙是佛的清净业。什么叫

"清净业"呢？就是佛的妄想，就是佛的觉明为咎，那个"咎"，成就了宇宙体系。祂是没有自己，没有众生，没有时间，没有空间。因为一切时间与空间，是祂的倒影的时候，那么倒影就没有办法去描述实相的祂。

一切通过倒影所描述的祂，都是在指向祂，那个称为"指月之手""渡河竹筏"，而祂是不可说的。祂渗透在一切之中，却是一切不可触及，不可改变，从未消失，也未曾来去的，当下的圆满。那个是祂，那个就是我内在体系的根本的实相。

在那个地方的话，不要说是一个什么小小的人类帮助过我了，就是你把整个人类拿过来，去天天膜拜这个神灵、这尊佛，也不会有半点的……祂完全是无动于衷的，那个只能说是你的灵魂，给你们自己塑造了美好的未来。

我就说这位大哥，他不用修行的。我亲眼看到他，因为这些年对于这个修行者的帮助，他身后的空间当中，那个就原本是雾一样的，黑白浓雾一样的阴间的那种场景，一层一层变成了光的世界。

你们要知道，在我觉醒的时候，讲出来的那种东西啊，祂不是语言。在我觉醒的时候，我甚至于都不应该说话——都不应该说话的，就这样看着你们就可以了。让你们的灵魂去感受，透过这具身体折射出来，那种究竟平安的慈悲性——那个才是佛。

只有慈悲是佛，不是佛是慈悲的，这是两个概念。不是这个人是好人，他很柔软；不是这个人是很真实，他很诚实，不是的。而是只有慈悲那种气息是佛。而不是说是一尊佛，祂有慈悲的气息，这是两种概念。除了那个慈悲性以外，其他的都不是佛，包括大解脱、圆满的普照智慧，都不是佛，那个都已经是大菩萨了，佛只是慈悲而已。

什么叫"慈悲"？离开了"我相、人相、众生相、寿者相"，平等周遍，包容一切，而不被所包容触及、改变、牵引，无生无灭、无来无去、恒顺众生、随顺圆满的，以普照觉性呈现出来十法界宇宙万事万物的，那个叫"佛"。祂的根本的性质、根本的体，只有慈悲。

慈悲就是空性无生的，一种究竟平等的周遍——那个是慈悲。祂是以宇宙，祂是以法界、华藏世界、三界六道，呈现出来慈悲的具体面貌。所以说在慈悲当中，没有地狱的，慈悲当中也没有天堂，慈悲当中只有平等，那个是佛的境界。

一个小小的，渺小如蚂蚁、细菌一样的生命，你有这个因缘，供奉了一尊如来。那么这尊如来，祂又是以十法界，华藏世界、三界六道、灵性天堂，呈现出来祂的智慧的无所不在的时候。那么，我可以保证一点的是：只要他的虔诚心不退，以他这个因缘，以他这种无比殊胜的因缘，他的灵魂啊，在这具身体死后，

慈悲就是空性无生的一种究竟平等的周遍——那个是慈悲

生生世世是不同道的皇帝。就是他一会儿转生到这个天道里面去当个皇帝，当个几万年，然后下一步就转生到另外一个天道里面去当个皇帝，当个几万年。甚至于说是整个宇宙成住坏空，他还是在不同的道里面，一直当着皇帝呢。

这个是这样的，因为那些道，全部都是在一尊如来的慈悲心当中，浮现出来智慧的幻化。而他在这尊如来在地上修行的时候，曾经无私地去帮助过祂。这个就是因缘，没办法的事。所以这个人对于……

这个是我内在的体系啊，在佛那个境界来看的话，不是说是我收了他的帮助渡过了难关，而是我给了他这样的机会，将一个鬼魂擢升为了一个神灵。就是我塑造了他灵魂的未来，因为他的这种善举，以功德力塑造了他灵魂永恒未来的富贵。

这个不存在……就是我明确跟他讲过，我们之间不存在交换关系，没有啊。你不要觉得，好像是你给了我钱了，在我最困难的时候帮助过我了，你就理所应当获得什么东西。我说你要有这样的想法的话，我会把所有的钱还给你的。就是我不跟人做买卖的，就是我们之间是单方面的救赎，就说你是我救的灵魂。我也是实在是没有办法过去的这一关，我才向你……因为我对你非常信任，我才会让你向我伸出援手的。但是我们之间不存在买和卖的关系，我不买卖信仰，不买卖真理。

同样，你的任何念头，我也知道。如果你念头里面真想：哎呀，今天我给老师帮助了，我是不是要获得什么境界。你要是有这样的念头，你是在侮辱我，我会跟你断绝关系的。我说我们之间，是一尊佛、一尊如来对于一个灵魂的救赎。我只不过是给了你这么一个积累功德的机会而已，别的人没有这个机会而已。

假如说我要是，真要开口的话，你们知道国内国外有多少人，会倾家荡产、卖房子卖地过来供养我吗？这个是我百分之一万可以肯定的事情。尤其是那些被我从邪教里面救出来的人，我为他们免除的是无间地狱的永恒的痛苦，他们理所应当卖房子、卖地、砸锅卖铁过来供养我的，只是我不要而已。这个是我给他说的很严重的话，因为我不希望看到另外一个灵魂再堕落下去了。

灵魂的堕落，仅仅是因为跟我平视。他平视我，他认为：我跟你是同样的人。在那刻开始，就注定这个灵魂会离开这尊佛的。因为佛只能仰视，佛只能五体投地地，让你的灵魂五体投地地趴在地上，给祂匍匐于地地虔诚于祂，那是面对佛的唯一的正确的姿态。

当任何一个灵魂开始平视我的时候，就是这个灵魂开始堕落的时候。这个例子已经不是一个了。曾经我很看重的一个灵性很高的人，就是因为她开始平视，她认为……她误会

了我对她那种很亲近的态度，她觉得说，可能是我人格的这面喜欢她的人。

错了，如果你不是一个灵性苏醒的生命的话，我不会多看你一眼的。我看所有的人类都是鬼魂，我不会对鬼魂有任何兴趣的。就是因为你的灵性苏醒了，我为了培育你的灵性，才跟你的人性这面亲近了一点。但是因为这个人太自恋了，你知道吗？她自恋到认为所有的人，都应该去爱她，就包括我——这就是她堕落的开始。到最后她就敢肆意评价一尊佛，敢对一尊佛宣泄情绪。

你们知道什么样的人，敢对一尊佛宣泄情绪，说我翻脸比翻书还快，为什么呢？因为在她心目当中，我已经不是佛了，而是一个爱慕她的男人。到最后我可能移情别恋了，爱上别人了，不理她了，她会这么想。这个就是她的人性，亲手把她灵性的光明给杀掉了——是真正地杀掉了。

你们知道灵性那个地方，是人格这面无法触及的。灵性那个地方，甚至于是你灵魂的感知所无法触及的。那个地方只有佛可以开启，离开了佛就没有修行这一说，你知道吗？没有，就是积累福报。

那是我内在的这个 mac 啊，mac 体系，看到我那个大哥的灵魂，从一个鬼魂，一步一步地变成了欲界天里面的不同天的这些王。他的国土面积越来越大，身上的光越来越强，他的福报充满了虚空，他的一层一层的这种天神的身体，都会呈现出来了。但是那个都是由福德功德构成，他自己本身并没有修行。那是因为他供养如来、资助如来的福报，形成了他的三界内的这些业身吧——福德身。

就在我内在的这个神佛的体系里面呀，我不看重他对于我做的所有的事。我认为那个是他灵魂的荣耀和莫大的因缘，那是他改变自己灵魂未来的一个机会，我只是给了他这个机会而已。

但是作为 Windows 体系的这个人格的我，可不能这么想。就是 Windows 系统，那个就是现在的我呀，我的人格呀，这个我的心意，我的心灵愿望，我的意识的动机，我的思维，我的个人体验，我的情绪的经验和记忆，这整个人格的我，这个是 Windows 系统。我内在 mac 系统，是在我灵魂感知内在的见精以上，见精、灵性和觉性，包括那个"祂"，那个是 mac 系统。而见精以下的灵魂感知、灵魂感受、心灵认知、自我认知、心意体验的，这个是 Windows 系统。我是有两个系统的。

那么我的这人格系统，在面对他的帮助的时候，我就不能像一个佛那样想问题，为什么呢？我有我的人格的成长的过程，我有我人格的善恶对错的标准，我有我人格的人生观、世界观和价值观。

我对于我的人品，我是怎么评价的啊，给你们说一下。我身上只有一

个缺点,就是在这个色欲这一块,我只有……这个也是人类认为的缺点,在天上不这么看的。对,就说是我身上只有这一个缺点,就是我的性欲的根子,我的性欲的根子断了,但是我性欲的习气没有断。

那么除了性欲这一块以外,我对于我的人品,我对于我的这个人格是怎么看的呢?第一个,我是一个很纯洁的人。什么叫"纯洁"?纯洁不是不吃肉,不是不喝酒,不是不抽烟,不是不找女人,纯洁是无私的意思。当一个人的内心是无私的,是为公的,是没有任何索取的,是利益所有人,而不为自己考虑的,这个人堪称"纯洁",你知道吗?纯洁是神的品质,祂不是人类的品质。只有神是纯洁的,因为神无我。无私才能无我的。

第一个,我是一个很纯洁的人。第二个呢,我是一个很高尚的人。什么叫"高尚"?真实就是高尚,真实不撒谎、不隐瞒,能够向众生袒露自己的错误。错误剔除了，剩下来的，就是不被道德标准所绑架的那个高尚了。真正的高尚不在道德之中，真正的高尚叫"舍身取义"，那个叫"高尚"，知道吗？我只认真理的，我不认识这个人格自我。

实际上，我每次在向你们忏悔的时候，我的内在都很开心，你知道吗？很兴奋。人间一切活佛、堪布、大德、主持，人世间一切有名望的这些佛学的教授们，当他们面对众生忏悔的时候，他们是很痛苦的。因为他们维护的就是这个人格自我啊，要维护他们人间的形象啊。

可是我不敢的，任何对自我的维护，都会伤……对于 Windows 系统的任何一丝的维护，都会伤害到我 mac 系统的纯洁。就说是，对于人格自我的维护，会伤害到祂的完整性。所以，每次在我向大众面前忏悔的时候啊，我的内在都极其兴奋、极其开心，就恨不得说是举国欢庆那种感觉——终于把这个畜生，终于把这个人格自我的这个畜类,又剥去一层了。

你知道就说是,在祂的那个境界当中,看我人性的这面,那个就是孽畜、畜生。就说你的人格再真实、再纯洁、再好——畜生、畜类。就说一个苍蝇,你能好到什么地方去?不是,你的基因里面,就注定你是个苍蝇,你只能吃屎,你只能在厕所和垃圾堆里面飞,你还能干什么?你好到尽头了,也不过就是一个透明的苍蝇而已,你那个种性是改不了的,明白吗?这就是佛看人类的状态。祂只认你的生命当中属于祂那一部分,不属于祂的,祂是全部都是一概否定的。

我对于我的人格这面,但是站在我的这个 Windows 体系,站在我人格这面,我对于我的第三个状态是什么呢,第三个评价是什么呢?我是个很正直的人,我正直、慷慨,喜欢帮助别人,在人世间是一个仗义执言的人,一个能够挺身而出、锄强扶弱的人。就换在人世间啊,我的人品是无

可挑剔的——慷慨、大度、不自私、不吝啬、纯洁、真实。

我身上唯一的缺点，在人性这面唯一的缺点就是，我是一个容易被引诱的人，就是我是一个心很软的人。就可能别人跟你说几句好话啊，或者怎么样，我这个耳根子一软，可能就容易犯这方面的错误。所以就针对于我在人性这方面的错误，我把我自己关在深山里面，就是与世隔绝，与任何人都不见的，就没有……我不给我自己犯错的任何机会嘛。否则的话，那个是早晚的事。这个咱们得承认，就说你是什么就是什么。

我是一个有着流氓种性的好人。就说我是一个，我人格的这面，确确实实非常好，我的智商也很高，我是一个高智商的、高情商的，一个人品很端正的，性格很慷慨正直的，无私的、纯洁的，一个潜在的流氓。这是我对我自己的评价。

那么，除去我色欲这一块，这个短板以外，我的人品当中，有一个最大的特点——我是个记恩情的人。就任何人帮助过我的一件小事，我会记很长很长时间。反过来讲，我不记别人的仇怨。就这个人伤害了我，这个人或者对于我不好，对不起过我，暗地里头曾经设计过我、陷害过我，这种事情呢，我知道，我也会尽量地把他忘掉，为什么呢？

我的心不能有恨的。我的心里面不能有恨，不能有计较，不能有仇视，这样的话，他会……这三种因素，这种记恨、仇恨，这种对别人的不能原谅，他会让我的灵魂，把我的灵魂关在一个很黑暗的、很狭窄的、很阴冷的空间里面。我是为了保护我自己，所以说，碰着任何对于我切实的、切身的伤害，过去的事情，我都是原谅的。

就包括那个，就是很多，像是我的那些过去老的同学们啊，跟我

一块经历的，就曾经我重用过的几个人，后来他们合起来，就说是诽谤我呀，甚至于说是编造很多谣言啊，包括更严重的一些事情呀，到最后，到今天为止，我内心里面不留任何痕迹。就说我知道他们做的一切事，但是我对他们没有丝毫的恨意，有的就是宽恕、原谅、祝福。同时呢，我对别人做的任何一点对于我的帮助，我都是铭记于心的。

我有一句格言啊：恩情啊，永远大于亲情与爱情。就这个人对你有恩，这个恩情永远是排在爱情和亲情之前的。那么这个大哥，他对于我的人生的重量，就意义非常，你知道吧？因为他帮助过我，而且帮助过不止一次。

然后，昨天呢，跟他视频了一下。前不久，大概上个礼拜还跟他见了一次面，视频了一下。他说他的身体有点不适，然后我仔细观察了一下。我说是，你确实身上有这个业力，但是不重，不重。就是说我看到的是那种灰色的业力，不重，他在笼罩着你的身体。我说可能，就说是到医院去输点液，然后做一点理疗，可能就好了，问题不大的。

为什么呢？因为在我的潜意识里面，不光是我的天眼在看，我潜意识里面，在灵魂感知那个领域里面的见精，也在看他灵魂领域里面，他的这个身体情况。他的灵魂领域里面，他已经是一个由光构成的身体了，那是他的福报，构成的一个光的身体和他光的国土。他不是一个在三界的那个欲界天里面的老百姓啊，他不是一个天人；他是有自己国土，有自己宫殿的一个王，你知道吗？就是因为他这些年来，对于这一个修行者的帮助，这些福报和功德构成了，他是有自己国土的一个领主，一个国王。

所以，就是我本能地看的话，他身体确实没有，确实没有问题啊。所以我告诉他，我说你不要担心，那个就是一个，就感冒了嘛！你不要说你身体里面这个炎症、那个炎症，无非就感冒了嘛，你打个点滴，是吧，吊个瓶子，吊个水。哎哟，在美国吊水都很困难。在美国，像你这种情况的话，人家都根本不给你看病的，就回家去，多喝点水，睡两天就好了。

结果他昨天又过来跟我视频，他告诉我一个消息。他说：昨天我又到医院去检查了，复诊了——癌症。当时我一下子，我懵了，你知道吧？那一下子，对于我所有的智慧，对于我所有的神通，对于我所有的我修行当中的这种自信，是一次全面性的否定。

难道我看错了？难道我这么多年，我对他的判断一直错的？难道我看到他的，在他灵魂宇宙境界里面那个他，由一个鬼魂的状态，变成了不同层次欲界天的王的状态，直到他最终有了国土，变成了一个由福德和光构成的君主的形象的时候，难道都是错的？我为什么没有看到他患了癌呢？虽然这个癌只是一个初期的，但是他检测出来，已经确定是癌了。

这件事情对于我的刺激特别大，你知道吗？打击特别大，就说我这个是这么多年以来第一次呀，对自己的智慧，对自己的神通，产生了质疑。然后我经过了一天一夜的思索，我在考虑这件事情，我总算是找到一个答案。我怕的不是自己的错误,你知道吗？我怕的是，不知道错在什么地方。

就像我装那个电脑一样，我换了6块主板、2块CPU、2个显卡、2套内存，我才终于把这个电脑装好。我最终知道，是因为那个主板的电路坏了，把CPU烧掉了，所以问题你永远查不出来的。你要不停地换，不停地换，你最终才能够排除所有的不可能的因素，最终剩下的那个因素，就是唯一的答案了。

那么我也是一样的，这个人跟我那么亲近，而且他这么多年一直不遗余力地帮助一个修行者，而且是一个已经证了果的，开始圆满自己宇宙体系的一尊如来，他怎么会突然间有这种事情出现？而我却不知道这个事情出现。我看到的都是他灵魂领域里面的变化，就是不断地进展的变化。当他出现了这种结果的时候，它对于我曾经说过的话，作出的判断，看到的事情，是一次全面性的否定和推翻，你知道吗？我不知道自己错在什么地方。

唉呀，然后我思考了一天一夜，在禅定当中，我遗忘掉我的身心，进入到 mac 体系里面去，进入到那个祂的体系里面去，我这才明白过来。因为祂是唯一不变的标准答案。我这才知道自己修行到什么地方了。

莲花生有一个上师，叫吉祥狮子。祂的上师，当时好像是古印度一个特别特别了不起的大成就者，也是一尊佛了，应该是。祂跟莲花生讲过：
大圆满的修行啊，要通过三个阶段。第一个，任运自然。什么叫"任

运自然"呢？就是我这样的状态：什么都不要做，什么也不能做。你可以吃饭，可以喝水，可以睡觉，可以逛街，可以玩游戏，但是你心灵不能够惦记任何具体的事情。换句话说，你不可以有期许。我希望电脑好就是期许，这个期许在任运自然的状态，那个就是灾难。

第二个状态，叫"不可思议"，就说是真正的你的生命的主体，已经不再是见精，而是进入了觉性，就成为了觉性的空性，那个叫"不可思议"。就是所有的身心意识、灵性体系，全部在空性普照的、无生的觉醒当中脱落了，那个叫"不可思议"。第三个，就叫"大乐"，就是证入到了"祂"之内，那种平等、周遍的、究竟、圆满当中，那个叫"大乐"。

我现在只是在任运自然的状态。证入到空性，就空性……就现在我的这个人格本体，就是我的这个Windows体系里面呀，我的这个人格的本体呀，就已经不再是你们的自我的心灵动机的愿望了，而是见精的那个"能见"的性质了。所以我的心平常处在一种不动念，而清醒了知我的身心内外和这个世界内外的一切实相的。

我可以随意地，就说我看另外空间的这种宇宙世界，比看你们人类的世界更要清楚。一个人在我身边走过，他的心底里面在想什么，我是知道的。就包括一个蚂蚁在地上爬的时候，它的微观下，它的心识的那个在惦记什么事，你都能知道。但是它不是人类的语言了啊，但是你就能知道，它是以一种形象和气味的储存，在蚂蚁的那个躯体里面存在着。

这个就是当你见精，当你人格内在，不再是人格自我的欲望、动机，不再是自我的认知与记忆的时候，是见精的"能见"的性质的时候，那么见精"能见"性质背后，他就是连带的是灵性的天堂和觉性的普照。

所以说,现在对于我而言,这个修行者而言,我的这个 Windows 系统啊,已经和 mac 系统开始相融了。就 mac 系统已经进入到了我的 Windows 系统里面来,占据了我 Windows 系统的这个核心的主导权了。所以平常我是不动念的,我是属于一种……

平常我的修行状态,就正常的状态,就像今天一样,是那种半明半暗的时候,我的内在啊,是不动念的、寂静的、分散的,就是我整个身心意识像雾化一样的,但是我是雾化当中,不被任何雾化的境界所触及的,那个"能见"的性质。我不是"能见"的清醒,而是清醒的性质,而性质背后是完整的灵性的永恒的光明天堂,而天堂背后,是那普照的、无生无灭的庄严的觉性。

庄严的觉性可不是觉性,祂是以法界普照智慧,以一切如来的普照智慧,凝聚在我这一个法界当中,呈现出来的一轮满月的状态。而在那一轮满月之内,呈现

我不是"能见"的清醒,而是清醒的性质
而性质背后是完整的灵性的永恒的光明天堂
而天堂背后,是那普照的、无生无灭的庄严的觉性

出来的就是由微尘世界，无限量的，像是宇宙当中有多少个灰尘，就有多少个佛的世界。宇宙当中有多少灰尘就有多少佛的世界，全部都是在那一轮满月当中浮现出来。

我再给你们说个题外话。我过去，就是我前两天，不是在禅定的时候看到自己的身后，浮现一轮满月吗？这轮满月实际上3年前就出现过，但是祂当时只是像是太阳刚出地平面的一个轮廓，祂只是有一个太阳的轮廓，祂还没有光。3年之后呢，这个太阳轮廓不见了，祂是一个，就是那个正月十五的月亮。但是你们看到的月亮是黄色的、金黄色的，而在实际的，在我目前的这种状态的时候，祂是银白色的月亮，是真正的一轮满月。

最奥妙的是呢，这轮满月里面蕴含着十方三世、过去未来、恒河沙数一样多的，所有如来智慧的凝聚点，都在这一轮满月当中圆满呈现。而这轮满月，祂跟观世音菩萨背后的那个月轮啊,性质一样,内涵一样,程度不一样。我只有祂……就说是这轮满月的这个形态,咱们从形态上比啊,从物理性的形态上比,我当时觉得可能估摸个大概有祂的千分之一吧。

后来我仔细衡量了一下,就进入到智慧里面去,在那个觉性的智慧里面去衡定了一下,八地菩萨第六层和十地菩萨第十层的区别。就是祂那个物理性,就说是观自在菩萨背后那轮月轮啊,大概是我目前的这个八地菩萨月轮的三千倍,我是祂的三千分之一。但是这个月轮内在的这种智慧性,就智慧的这种普照性、究竟性、圆满性,我是祂的三十万分之一。三十万分之一!

就说我的智慧现在已经可以遍观大概……我现在如果要让我看得很清楚的话,就说是看到那一劫里面的每一年、每一月、每一天、每一个念头,看到这么清晰的话,我大概能看到50劫吧。就是50个大劫,我能看到这么多。

这个不吹牛啊，这种话你不敢胡说，不敢胡说的。你这个话属于冒充佛，你知道。你要是看不到，你要是不知道这个劫的，每一刹那的这种横向的整个世界众生的情况，你要敢说这个话，下地狱的罪，这是。但是我确实能看得到嘛，我就说，大概是我能看50个大劫。

观自在菩萨，观世音菩萨，是我的30万倍。我不知道祂能看多少大劫，可能就十几万大劫吧。佛、如来是可以看到前后多少万多少万，以无限的劫数，祂不被时间所限制。祂的智慧的普照性、究竟性、圆满性、解脱性，是我的30万倍，是我目前这个八地菩萨30万倍。

但是这个其中有一个奥秘，也是人类所不知道的事情。祂的30万倍呀，我需要24年走完，不是？不是说是那个30万倍，我每年走1%、2%，不是的。就说我每突破一个层次，可能就超越了几千倍，每突破一个层次，因为祂是以几何性地往上升。就说是祂在这个地方，我在这个地方，并不是你们人类想象的，祂是一层阶梯、一层阶梯、一层阶梯这么细分的，不是的，祂只要超出……

我现在不是八地菩萨第六层吗？到了年底，到了明年的大概这个时候，我就到了第七层了。第七层的时候，就可能到这个地方来了。就是一跃，就可能就是多少万倍就过去了，一层就是多少万倍就过去了，你知道吧？所以说是，祂不是一个平面的物理性的一种对比，而是一种纵深的。就说你越纵深，你距离祂的性质就越近。就说我跟……

就现在这个八地菩萨的这个月轮啊，祂里面蕴含的十方如来的这个智慧啊，和观世音菩萨那个月轮蕴含的十方如来究竟智慧，性质是一样，内涵是一样，程度不一样。就是这个智慧，在我的月轮觉照当中浮现的究竟的原貌，还没有完全浮现出来；在祂的月轮当中，已经完全浮现出来了。所以祂是佛嘛,而我还是个大菩萨呢。就是祂浮现的这种清晰程度不一样,但是性质是一样,内涵是一样的。

所以说,只要我在不断地向纵深的内在的这个体系突破的时候……什么叫突破?就是我的 Windows 体系呀,熄灭了一层,我的 mac 体系占据了 Windows 过去那一层的体系内涵之后,那个觉性的那种普照性,就会从遮蔽觉性的这种生命性当中,解脱出来一部分。

就是你们知道,生命对于普照的智慧,祂是障碍。什么叫"生命"呢?灵性体系。就是灵性天堂对于觉性的法界是障碍。只有灵性天堂突破了人性的障碍,人性熄灭了,灵性取代了人性这一块,灵性祂不就是,就苏醒了祂原本的那种完整无尽的光明了吗?而完整无尽的光明当中,不是失去了生灭相续,三界六道的因果的牵引了吗?那么这个完整的灵性,祂能像是水一样,平静下来的时候,这个时候灵性、见精,这两者就像水一样，里面的杂质平静了，他就会倒映出来法界的智慧，这个叫"水澄月现"。这在佛教里面专门有这么一句话——水澄月现。

就说是，觉性的那轮月亮，那个大智慧，就在逐渐呈现于无生无灭的、平静永恒的灵性跟见精当中，浮现出来了那种觉照的智慧的时候，这个时候，到了觉照智慧完整地浮现在灵性和见精之上的，这种海平面上了之后，在那一瞬间，就叫"镜面翻转""大地平沉"。那个就是24年之后的我，现在只是因为程度不到而已。现在我人性的这个Windows体系，他还在运行呢。但是现在Windows体系的一个核心——他那个基本的逻辑语言，已经变成了mac体系了。就是我见精已经取代了我的人格了。

然后我就在想啊，现在咱们话说远了，我就在想，到底是我为什么，这么重要的一个人，我为什么会看错他？这个是要命的事，你知道吗？然后我在打坐的时候，我在反观我自己嘛，我在深观我整个自己意识、逻辑、动机的这个核心，错在什么地方了。错在我过于看重他了，错在我对他有期许。

我突然想起来吉祥狮子给莲花生说那句话：你内心有不开心吗？莲花生说：有一点点。吉祥狮子说：有不开心，就证明你有期许；有期许，就证明你有恐惧。我现在这才知道，自己修行到什么地方来了。在我内在啊，是不能够有期许的。没有期许，就等于说，我对于活着没有任何的想法，对活着并不执着的心，对死亡就不会有任何的牵挂。没有期许，就没有恐惧，这个就是一尊佛的状态，祂在生死当中是自如的。

这个是我目前应该达到的状态：一个在"任运自然"当中，保持着觉性无生无灭、临在庄严普照、解脱随顺无碍的一种……一尊如来的巍峨与神圣，那才应该是我。我对任何众生，不能够有任何的期许，既不仇视，也不感恩。因为我是没有自己的,我是以宇宙的全貌,来呈现出来一尊佛的究竟智慧的。所以说,就是以十法界、华藏世界、三界六道、微尘宇宙、法界海慧,来呈现出一尊如来的慈悲与平等智慧的时候,你不可能对任何众生,有任何的关注,因为你是整体。

当整体的智慧与慈悲,对任何一个众生,形成了排斥或者期许了之后,你绝对不是整体,你就变成了众生了。只有众生,只有个体,会看重个体。而你是整体了之后,对于一切个体来说,你是无形无相的。因为个体都在你之中,你伴随着一切个体,却不被个体所牵动、所分裂,那么你就是整个宇宙的基础,就是那一尊如来的悲心。

我应该是如来,而不应该是这个 Windows 系统的一个修行者。他牵动了我的心,让我过分地关注他、侧重他了之后,就屏蔽了我的智慧,
你知道吗?我看到的都是我心里想

看到的。但是这个是第一层，究竟义上来说啊。我是从究竟义上来说，是我的侧重点蒙蔽了那尊佛的智慧，没有看到这个灵魂的过去未来的，应该在今生这一世所兑现的一个业果。我没有提前看到，因为只有佛能知道。而对于一个佛来说的话，祂看到，祂也不会说，你知道吗？这个是第二层。我一会儿给你们讲这个道理，祂为什么不说。

但是从另外个角度，从我一个修行者的有为的角度来说，刚才我跟你们说的是标准答案，在佛那个地方怎么看这个问题的。佛那个地方，既没有侧重，也没有关注，既没有排斥，也没有厌恶，视一切众生是平等，因为祂是没有自己的。祂是圆觉普照、十方三世内平等觉知的那个慈悲心，祂是没有自己的。

一切心、一切众生，一切心意、一切轮回，都是祂慈悲呈现出来智慧的如意，这个叫"圆满"。整个宇宙世界，是一尊如来圆满的智慧，浮现出来的不动的清净。

这是在祂那个地方，这个是我的 mac 核心的，mac 系统里面最本源、最基础、最高处那个地方，这么想的。那么在 mac 系统里面，还有另外一层，是我作为一个修行者，怎么看待这个问题呢？

这个也就是我给你们讲的一个，今天讲法一个最核心的东西，也是我想告诉你们的一个目的性。智慧呀，祂是随着修行者的证量大小呀，而呈现出来智慧的这种不同的。智慧越高深的人，祂看得越远越深，祂能看到一切因果缘起的过去和未来。就是那个祂，就是我站在那个佛的，站在如来那个境界当中，一切宇宙的过去未来，就是 50 大劫之内的每一天、每一秒钟，我都是知道的。

但是知道是知道，祂不会去评价他。因为一切都是缘起的，缘起的就是梦幻泡影，你去评价梦幻泡影，就一定有个评价梦幻泡影的你，这个就非如来了。如来是没有"我"的，祂是在一切之中，不被一切所禁锢、留驻、阻碍和牵挂的,大普照的解脱。

但是还有如来以下,如来以下作为一个大菩萨,祂是有具体智慧形态的。我现在只是一个大菩萨的八地菩萨第六层,我看到的是因缘的现象,而不仅仅是因……就说如来能看到因果的性质,因果的过去未来的发生、相续,因果衔接的每一秒。而我只是个大菩萨,我只能看到因果缘起的……就是因果缘起,你们看到的是物质现象,大菩萨看到的是生命的内涵。

就说你们看到的这个是一包餐巾纸,知道吧?这个是一个物质现象,这个是因果缘起的物质现象。而大菩萨在智慧层面、在灵性层面,看到的这包餐巾纸,他是一包有生命的餐巾纸。而生命就一定蕴含着生命的现在、过去与未来的因果缘起的业力——生命推动力。就这包餐巾纸在灵魂宇宙里面,他是有生命的,他是能量涌动,而呈现出来的一种生命形态。

而这个大哥呢，昨天我告诉他的，就说是一个原因。昨天我听到他给我报了"癌症"那两个字之后，当时我脑子里面"嗡"的一声。当时我一下懵了，你知道吗？后来当时我就出于本能啊，我出于本能地我就调动我的神通啊。神通可不是智慧啊，这两回事儿啊！

神通不是智慧，智慧是无我相、无人相、无众生相、无寿者相，当下临在，又超越了当下，圆满了十方三世的不动如来。只有如来可以称为"智慧"，大菩萨那个叫"神通"。然后我动用我的神通，一下子我就穿透他的灵魂宇宙，我去追查他的这种灵魂境界。"很奇怪，"我说，"你的灵魂宇宙里面，依旧是那种由福德和你的功德力构成的，就是那种宇宙世界。"就是他已经是那一层天的王了，他已经是那一层天的君主、皇帝了！他的宫殿、他的国土面积还在不断扩张呢！我说："你在人世间怎么会反映出来这种事情呢？"

后来我就仔细观察了一下。唉，还有一种可能性，也不是可能性，还有一种就是我所确定的事情：就是这个生命，离我走得太近了，你知道吗？太近了。我现在说的话，可能你们人类会觉得受不了，可能会觉得我很自恋啊，我又准备自夸了，但是我说的这个是事实。

一尊佛，祂是以宇宙体系呈现出来，而这种宇宙体系，不是你们人类认为的物质宇宙体系。你们人类认为的这个物质宇宙体系——无论地球变成了太阳系，多少个太阳系变成了银河系，多少个银河系变成了一个宇宙范围，多少个宇宙范围变成了一个宇宙天体……你这么无限循环，循环上无限无限无限亿年，在如来那个宇宙体系里面，连一根针尖大小的范围都没跑出去。因为它只在物质能量这个层面。

超越物质能量，在暗宇宙那个层面，整个的物质宇宙层面，在暗宇宙的那个层面当中，就是沙漠里面的一粒沙子。而暗物质那个层面，就是那个灵魂感知的层面，在见精的那种神的光明当中，连一粒沙子的程度都占不上。而见精那个程度，在灵性天堂那个地方，他只是梦境当中的一瞬间的错觉，投射出来的一个屏幕而已。而天堂那个地方，在无尽、无限、无边无际的，没有过去与未来，熄灭了过去与未来，熄灭了时间与空间的，完整灵性天堂，祂仅仅是法界大菩萨一瞬间的错觉，就像是挂在你睫毛上的一个灰尘而已。

在大菩萨的大智慧普照当中，三界六道就是流过指间的一粒沙粒呀。所以说，而大菩萨，就掌控三界六道，就像是在地上捡起一粒灰尘那样的大菩萨，在佛的心目当中，在如来的心目当中，祂只是祂整体宇宙当中的一个很小很小的一部分而已。

而佛呢，没有大小的。佛不跟任何众生相对比的。祂没有大，没有小，没有内，没有外，祂没有过去，也没有未来，但是祂渗透在过去和未来，渗透在大和小之内，渗透在内和外之内，却不被一切有名有相的境界，所理解、所

触及、所束缚、所禁锢，祂就是当下此刻众生原始的本来面目。祂是以宇宙呈现，而宇宙却是祂的一瞬错觉。宇宙是祂的一瞥所现嘛，我曾经这样说过。

我现在是，实际上说是，在我那个 mac 系统的基本逻辑里面啊，基本的那个语言里面，我已经是祂了。但是在人世间展现出来，我还是个八地菩萨第六层。到了年底，我就到第七层了。明年三月份，明年三四月份，我到第七层了。

你们知道，跟我这么一个在人世间的一尊佛——大菩萨就是佛啊，我这可没有僭越啊，大菩萨就是佛。跟我这么一尊佛在一起，一个灵魂意味着什么呢？意味着他的业障，累世业障的迅速地分解，意味着他灵魂内，灵魂宇宙当中福报的无限地增长，是呈几何数的、指数级地增长。今天增长一，明天可能就增长，就说是二二得四，后天就是四四一十六，再后天就是十六乘以十六，他就是以平方式、几何数的那种增长。

增长了一定程度了之后,我看到的没有错误的。我看到的没有错误,他在灵魂宇宙里面,确实已经从过去一个有福德的神,变成了一方尊主了,就是一个世界里面的皇帝了,他的领土都已经建成了。这个不是我在这儿胡说八道啊,这个佛经里面有明确记载的。

当时是那个舍利弗监工啊,就是有一个祇陀太子嘛,他有一个很大的庄园,可能就占地多少公顷那么大的庄园。他非常喜欢那个地方,那是他自己的一个游乐场地嘛。然后当时是有当地一个富商啊,想要供养释迦牟尼佛,想把这个庄园买下来,给释迦牟尼佛作为精舍——打禅用的地方,修行用的一个场所。

他就看上这个园子了,他要去买它。这个太子说:不卖,要卖的话,可以,你用黄金打成树叶,铺满整个园地,我卖给你。那得要多少钱呀?结果当时那个富豪就倾家荡产,就真的打了就是几十万片金子的树叶,铺满了整个园地。他要去买这个庄园。

然后那个太子就说:你为什么要花这么大代价呀?你倾家荡产地要把这个园子买下来。然后那个长老说:我要供养释迦牟尼佛,供养佛陀,供养如来,所以我不惜成本,我宁可说是,就成为乞丐,我也要把这个园子买下来,供养给佛。然后那个太子听了之后非常感动,就发心:这个园子我也让出来,就是我也赠送给佛,供养给佛。然后你的这些黄金呢,咱们用来建设这个园里面的建筑物。这就是很有名的历史典故——祇树给孤独园。

当时负责监工的,是舍利弗——佛陀的十大弟子之一嘛,他是智慧第一吧。他在陪着那个祇树给孤独长老,在园地里面视察那些建筑的时候,他们不是要打地基啊,盖楼啊,对吧?然后舍利弗突然笑了。然后那个长老就问他,他说:尊者,你笑什么?舍利弗就用手指天说:地上,你为佛造的林园刚开工,天上你的宫殿,就是为你建造的宫殿,也已经开工了。他说:我在地上看到你给佛盖

宫殿，在天上那些天人们在为你盖宫殿呢！这是佛经里面明确记载的。

我现在虽然在人世间呈现出来的，是一个八地菩萨的第六层，但是实际上在我的内在本质，在我那个mac系统的本质上，我已经是一尊如来，是有宇宙体系的一个如来。而且那个如来还不是我，我是一切如来根本的、究竟的那个"祂"。我的身心根本的面目，只有一个词——平等。

但是我是以如来的慈悲，呈现出来了整体的十法界的宇宙的体系。在这个宇宙体系的三界六道之内，人间有这么一个人的肉体，在呈现着由人变成修行者，由修行者变成见精纯澈的一个空间，一尊神灵，由这尊神灵变成了证入法界的一个尊者，由这尊尊者，呈现出来了今天这个八地菩萨第六层的觉者。

那么也就是说，我看到那个大哥灵魂宇宙里面，他那个国土啊，确实是日新月异地在扩张。而在灵魂宇宙里面，他的身上的那种服饰的华贵，等级越来越高。刚开始是有颜色的那种，像是云彩构成的衣服，到了后来的话，那个衣服的颜色，就从蓝色变成了黄色，变成了红色，最后变成了纯金色，那个就是皇族了。就是他是那一层欲界天的王、皇帝。而且他的国土面积在不断地扩张，不断地在增长。

这个就是他不断地，就他的发心越来越纯洁，越来越虔诚，越来越无私的时候，他的灵魂宇宙里面的，他的这种灵魂境界的状态在发生变化着。我看到的并没有错，你知道吗？我错，错在什么一点呢？我低估了他身上业力的威力了，我只看了好的一面，我低估了他身上业力的一面。

我曾经跟你们讲过，一尊神是有唤醒灵魂的能力吧，是吧？就过去那个人，我曾经唤醒过一个灵性很高的生命。我跟她就说是视频 20 分钟，我就把她的灵性唤醒了。她身上的所有的疾病，一夜之间全部都奇迹般地消失掉了。她本来是戴着呼吸机睡觉的，第二天，她就把呼吸机退掉了。所有的身体症状，一夜之间全部就不翼而飞了，为什么呢？她的灵魂感知力非常强，灵魂感知力很强的人，她对于神的语言的那种蕴含的光明的接受程度很强，你知道吗？

神的光明透过她的这种灵性感知能力，进入到她的灵魂宇宙里面去，瞬间可以改变她灵魂宇宙的内涵的。灵魂宇宙的内涵改变了，她的业力表现的形体，就改变了，就这么简单嘛。她最终的堕落，那是因为她的人格，选择了她的人格，而没有选择信仰，那是她自己的事情，但是并不妨碍，我能够改变灵魂宇宙内涵的这种力量的，是个事实。

就过去我是可以唤醒灵魂的，而到今天为止呢，事情过去一年了啊，到今天为止，我已经有了塑造灵魂的能力了。什么叫"塑造灵魂的能力"？就是灵魂，他就好像一块海绵一样，里面它可能吸收的是墨汁，这块海绵是黑色的，那么这海绵的黑色的境界，那个就是地狱。它可能吸收的是果汁，它可能是在欲界天里面。它吸收的是纯净水，它可能就境界更高一点，它可能就变成了，就色界里面的一个什么众生。灵魂像个海绵一样。

而现在的修行者呢，我现在的智慧，已经慢慢地开始跟"祂"，跟那尊如来的慈悲呀，开始相融合了。也就是说，我的神通智慧里面，开始蕴含着、具有了如来慈悲心的法力。智慧，祂只有探测的能力，祂没有改变物质的能力的。但是当蕴含了慈悲心的这种力量的时候，慈悲心的力量，祂就会有一种强大无限的能量的表现，顺着慈悲的这个探照灯，渗透到灵魂宇宙里面去，改变灵魂的内涵，而且是不受这个人同意的——不经过你同意的。

那么，当这个人，这个大哥，平常经常跟我在一起，就是你们看我有的时候讲法呀,就是在给他讲。因为在我人的这一面的话,他就像是我的一个算对我有恩的人啦,那是对我有恩情的人,我对他非常看重的。但是在灵性宇宙里面,在修行的那个境界来看的话,我把他当儿子一样看的,我是在不断地哺育他的这种灵魂的。我是希望他成为神灵,而不是成为一个欲界天的皇帝,这个性质不一样的。

我可以保证你的灵魂,因为他这些年对于我的帮助,可以生生世世、永远永恒地去当一个皇帝,在不同道里面去当皇帝。你永远不会有你的物质匮乏那一天,因为这个宇宙是我的。但是你不是神灵,你知道吗?神灵,祂是光,祂是不会变的。祂永永远远地,就是在以光的这种体现,呈现出生命的深邃的智慧,那个是神灵,祂不动摇的。

这个生命跟随我时间长了之后啊,他的灵魂境界不是在不断提升吗?构成他灵魂内的这些因素啊,就会被我智慧所蕴含的这种悲心的力量啊，所不断地烧融，不断地改变。最终啊，当我想要提升他的时候，就他身上的这种业力，不是消减到一定程度之后，就露出业力内核的过去那种债务了吗？

业力呀，他是体现出来你的身体——我的肉体细胞、我的意识、我的分辨能力、我的记忆、我的人格的储存，这几样全部都是业力。我的欲望、我的情感、我的整个人生经历的片段，全部都是业力。我们的人格、我们的自我、我们的意识、我们的心灵判断、我们的记忆、我们的语言、我们所见——就是见闻觉知，看到、听到、想到、尝到、闻到、触到，这六识六尘六根，全部都是业障，全部都是业力。

我们的人类身体的自我，是我们的灵魂自我投射出来境界的，固化的一种状态。这段话我就不跟你们深入地讲下去了，因为我要讲更重要的一部分。我这人说话有个特点，我一次只能说一件事，你知道吗？这个

神灵，祂是光，祂是不会变的
祂永永远远地，就是在以光的这种体现
呈现出生命的深邃的智慧，那个是神灵
祂不动摇的

是修行者的一种状态,因为我没有思维的。你们的思维是分散的,你们可以一次性说很多事;我一次性只能说一个事,因为平常我这大脑是不用的,所以我平常一次只能说一件事情。

也就是说,当他的表面的这些,就是人的情绪呀,人的这个肉体细胞内蕴含的这些习气业力呀,被我平常给他讲法呀,给他那个灌顶呀,净化他的这种过程,不是净化了吗?就露出来他业力深处的那些宿缘了。那个就不是今生的他欠的东西,而是过去的他所欠的东西。

那些宿缘,就不是一尊佛的智慧蕴含的能量,可以短时间地去把他烧融掉。我可以烧融习气表现出来的这一部分。但是那个宿缘,他是有记忆的。就等于说这个人过去欠了别人的,这个灵魂过去欠了别人的,你要是单纯地以这种智慧蕴含的慈悲心的光明,去烧融的话,你等于是改变因果,牵扯因果,你知道吗?你如果这样做，你属于不讲道理了。

就是一个如来，你想横加干涉生命过去的因果，你是要整个推翻三界律法呀。三界律法就是因果自负啊，种瓜得瓜，种豆得豆啊，因果要自负的。没有任何生命可以逃得过因果的，包括佛的表现——就是我这具色身，都逃不出因果的，我都要遵从因果律的。你是不可以去触及到这个地方。

但是他的业障，又被我确实给净化得很多，他的福报已经是形成很大。下一步，这个人的灵性体系，就可能会从灵魂体系内苏醒的。就是说他的见精啊，就会从他的这种灵魂感知当中苏醒，他要变成一个神了。这个时候，构成他灵魂的那些最基本的，那些他欠过的生命，就会群起而攻之，就会一下子就让他……反映到他身上来，就把他过去储存了多少劫、多少亿年的那种仇恨、那种债务，在这一刹那之间，给你推出来。

我告诉这个大哥的，如果你不遇到我呀，你不可能患癌的，你知道吗？最多可能就是个炎症，医院检查，输他两天液就过去了，不可能是癌症，不可能，绝无可能的！因为你是个福报很大的人。你不遇到我的话，这个就是个简简单单的一次病变。大概可能再过几年，可能才会有癌症的表现。然后你花钱，有钱嘛，去看病去，去吃药去。然后折腾个几年，花点钱。那点钱对你来说，也不算什么了，毛毛雨了。

身体受点罪，反正因为他这个人福报很大，他就算是不遇到我，他的福报都很大的。他不会横死的，但是可能会在通过身体上的这种情况，折磨你十几年，最终你老死。虽然你有癌症，但是你癌症治不好，癌症不会要你的命，它会让你不断地花钱，不断地痛苦，最终你大概活到八九十岁死掉了。你的一生本来是这么安排的。

遇到我之后，一下子，变成癌了，

你知道吗？为什么呢？因为再不报复你，他们就来不及了。要再不取你的命，你就变成光了，你知道了吧？再不取你的命，你的内在的那种见精一旦苏醒，你就是个神灵了。

业力是抓不住光的。他要趁着你现在的这个内在的见精没有苏醒之前，在你身体当中、细胞当中，呈现出来他们的仇恨、他们的怨恨、他们的怨毒、他们的愤怒，让你的身体癌变，从而把你的心，把你的灵魂，把你灵魂感知力，锁死在这个身体里面，让你重新变成人！变成人，你就不是神了。人，你就只能去承受因果；只有神，可以借助着因果，解脱因果；而人类只能随顺因果，承受因果，性质是不一样的。

你不遇到我，不会有癌症，但是你死的时候，依旧是一个鬼的身份死去的，你要不遇到我的话。现在遇到我了之后，你现在死去，现在你这癌症暴发了，死去了，你会作为一尊神的一个……就天堂里面一个君王、一个帝王、一个皇帝的身份。因为你曾经在人世间资助过、帮助过一尊如来,而你死后一定是在我的世界的,一定是……

从你现在开始,死掉那一刻开始算起,一直到我的这个圣光宇宙成住坏空,经过多少多少亿劫之后,你永远都是那个宇宙里面不灭的皇帝。这个我是百分之百可以保证的事情。但是,依旧是欲界天的一个,在我来看,就是凡夫俗子吧。一个王跟一个乞丐,没什么本质区别的——蚂蚁。

但是,现在的话,我是想让你成为神的,我是想让你成为我另外几个弟子一样的。有一句话叫什么来着?寿与天齐吧。我想让你成为像是我那几个得意的学生一样,就是以纯智慧的光的形态,在灵性宇宙当中,跟宇宙是同体的。我希望你成为那样的生命。

我不能保证你们像我一样成为主。证入到八地境界以后的人，都称为"主"，那是如来的种子。但是一尊如来想塑造一个八地以下的神灵，还是有办法的。尤其是塑造奢摩他——证入到罗汉果的一个生命，挺简单的，需要时间而已，需要时间和因缘。这一次要他命的，这个就是一个巨大的因缘。负面来看，是要他人的命；正面来看，从一个佛的角度，一尊如来的角度，以一个八地菩萨的角度，这个就是他遇到命关了，遇到命债了。在命债的时候，他如果能够，选择神佛，放弃对自己生命的执着，接纳自己的死亡，但是让灵魂永远仰望真理，这个是神的品质。

什么叫"神"啊？无我——无私、无我、无愧。我这一生当中只有这一个戒律：我的良心不能有任何愧疚——这是我唯一的戒律。我跟你们讲过，我是个很纯洁的人。我说句老实话啊，我也不怕你们把这句话怎么误解。就像有我这么一个优秀品质的人啊，我有100个老婆，我都是人世间最
纯洁的人。习气跟品质，是两

种层面的东西，你知道吧？习气就是我喜欢吃肉，他喜欢吃素，那个叫"习气"，他跟你的品质没有任何关系。品行是一个人良心的清白与无愧。

我这位大哥，他面对我的时候，他的良心是无愧的。他对于我从来没有僭越过，从来没有想要说是，"我为你付出了这么多，你应该回馈我什么""我为你付出了这么多，我应该在你这儿得到什么"。我是能看到他的潜意识，他从来没有想过，他在我这儿是合格的。所以我才拥有了改变他灵魂的力量，你知道吧？他信任我，我才能透过这个信任，去改变他灵魂蕴含的这种因素的。我已经在做这件事情了。

但是呢，他面对死亡的时候，他的心是不是有愧的，这是要看他自己的选择，我不能替他选择。但是我要告诉他原因：这个就是你过去的业呀，提前兑现。为什么呢？因为再不兑现，你就变成神了，你知道吗？他们就抓不住你，他们就拿你没办法了，再不兑现你就证到奢摩他里面去了。

要是你没有跟这尊修行者,这一尊准如来在一起这么多年,要想凭你自己证到奢摩他,1500年吧。你要保证你不死啊,保证你的身体不死,1500年。因为你根本不知道什么叫"奢摩他"。就说你们现在不是在看到我,在听到我说话吗?你的意识在听,你的心底里面也隐隐约约地知道,你在听我说话嘛。那个你心底里面知道听我说话,那个"知道"背后的清醒的性质,那个就叫"奢摩他"。

你进到房子里面,看到房子光线很亮,有很多人。你心底里面知道你见到了。突然间,电灯停了,伸手不见五指,你的心依旧见到了"什么都看不到"。前一秒,你的心见到了光明;下一秒,你的心见到了黑暗。那个见精,内心里面见到黑暗和见到光明那个见性,就称为"奢摩他",知道吗?那个见精的性质,那个"能见"的性质,叫"奢摩他"。你要成为那个性质,而不是那个被"所见"而牵动见精形成的境界——那个叫"众生"。而那个见精的,在境界当中那个"能见"的性质,成为那个性质,是叫"奢摩他"。

我已经准备要把他的灵魂内在的这种见精的性质呀,帮他清扫出来。就是把阻碍他见精性质的,这些"所见"内涵的境界,帮他清扫掉,让他见精的性质呈现出来,他已经就是证到一个罗汉果了。凭你自己,1500 年算是比较短的时间了。

但是我在刚刚准备入手做这件事情的时候,他的癌症就暴发了。这个对于我来说,就不是一个偶然的事,你知道吧?站在佛那个角度,是因为我对他太过于关注了,而蒙蔽了佛的智慧。但是站在我神的角度,站在大菩萨的角度的话,我看到的是神通力开始触及到,构成他灵魂的这种因果业障。再要是不对他的这具身体动手的话,那些冤亲债主,他们就失去机会了。他们要奋起一

击,你知道吗?这是为什么在我教法当中,就是我越是关注的人,越是堕落得越厉害呢。

就是我过去,不是我曾经唤醒过一个灵魂吗?我跟你们讲过嘛,我告诉她,她会有5次翻业,最后一次是最严重,她会触怒我。这个是在我早半年之前、一年之前,我就告诉她了。后来果真是第五次的时候,她触怒我了,就我彻底放手了。

可是你们要知道,如果这5次翻业,她每一次都选择的是虔诚真理,放弃自我,检讨自我,只有上师是对的,只有真理是对的,我全部都是错的;这5次关,她每次选择的都是神,每次选择的都是如来,每次选择的都是信仰,每次都是通过信仰而放弃自己,这5次完了之后,她就不再是她了,而是纯粹的光了。她是以一个纯灵的,一种无限、完整、永恒的光明的内涵与品质,临在于她的身心当中,她是人世间当之无愧的神灵。

她没有啊，这5次她选的都是她自己呀。她认为自己美貌无双啊，她认为自己……人世间都应该因为她的美貌，而臣服在她的脚下呀。最终她就变成了一个鬼嘛。

但是我还有另外一个女儿的——我还有另外一个我唤醒的女孩的，也30多岁。我特别怕，就过去我一直不宣扬她，就是因为我特别害怕别人说：老师，你看，尽选一些小姑娘，而且还都是有钱人，是不是因为她有钱，所以说你说她灵性高啊？

不是的，我绝对不是那种下贱的人。就她前段时间，不是写的一篇文章吗？就写她自己心得体会，那个文章写出来之后，所有人都闭嘴了，为什么呢？她的文字里面没有一句法理，她的文字背后都是光，那个就是她的证量。但是这些光，在她两年前是没有的。

她两年前的时候，她的整个文字背后是黑暗的，一片沙漠。就像盐碱地一样，一望无际的盐碱地。而盐碱地的中心，还都是深渊峡谷，里面连一滴水都没有。当时的她，如果要是死去的时候，她绝对流落的是饿鬼道里面。就是因为她这些年在弘法，不遗余力地弘法，在没有让任何知道的情况下，她在大量地弘法。

最后在两年前，我跟她有一次，因为一个书籍的事情，跟她通了一次电话。她声音，就说说到第二句的时候，当时它传到我耳朵里面来，在我整个的灵魂领域的那个普照的智慧当中，一下子，一幅场景就呈现出来了：就她过去那种一望无际的戈壁滩，沙漠深处的那个深渊峡谷里面，突然间生出一座金山来。

就好像原本是一个马里亚纳海沟那么深的，几万米的深渊峡谷，一棵草都没有，一滴水都没有，一个生物都没有，荒无人烟，那就是饿鬼道的景象了。突然间，现在一座金山拔地而起，那座金山直冲天顶呀。就说是那个几万米高空的云彩，只在金山的山脚下在徘徊着。那个金山有多高？就是在我那个境界的话，我都看不到它的边的。

那个山上就是祥云缭绕，散发着七彩霞光，山上全部都是珍宝，各种各样的珍宝。而且在山上有山泉流下来，在浇灌整个的荒野沙漠。荒野沙漠当中，已经开始有了这种绿洲，开始有了森林，开始有了村落，开始有了国土，开始有了人类。就她的整个世界活过来了。那是我两年前告诉你们的。

现在，这个人，已经是纯光了，已经不再是那座金山了，她背后那个金山，已经变成了光的存在。也就是说，我确确实实是有塑造灵魂能力的。只不过其中一个灵魂，那5次的返业，她每一次都选择了维护她自己。最后，她维护的自己，就变成了一个背离真理，跟真理形成了对立面的一个鬼而已。那么，我说老实话，她到今天为止，她也不知道她失去了什么。哎，因为你们人类嘛，人类活着就是为了自己嘛，对吧？

所以说这位大哥啊，我看到的情况就是，因为我对他的这种灵魂的改变，已经触及到了，构成他灵魂的这些核心因素了。这些核心因素，他们要奋起一搏。站在他人的角度呢，要么是拿走你的身体，要么是拿走你的信仰。这两样，他一定要拿走一个。

但是我这位大哥的灵性的这个感知能力，可没有上一个那个女孩那么好。上一个女孩那个灵性感知能力很强的，是我这个大哥的50倍不止，五六十倍吧。所以我一句话当中蕴含的光明，她可以接受到，比我这个大哥接受到的，50倍以上。我两句话，她的病就能好；我两句话，她的灵性就能醒过来；我两句话，她就可以变成光。我给这大哥讲200句，他可能能够接到那么一两句话的内涵，还都是人性情感层面的。他的灵魂是完全睡过去的，但是他依旧很相信我。

我就给他说：你如果不碰到我，今天不可能是癌症。这在人性的

这一面，这个就是你的业缘到了；这在修行的一面，就是你的冤亲债主啊，那些你欠过的众生来索你命了。为什么要索你命呢？因为他们看到的我的力量，开始进入到你的灵魂宇宙里面来，开始不仅仅是把你变成一个宇宙的欲界天的帝王，而是要把你变成一个超越于境界生命的，三界内上层的神灵。

我是有塑造灵魂的能力了。到今天为止，我可以确定这一点——我有塑造灵魂的能力了。只是我真的没有想到，这些灵魂的业障，反扑的力量会这么大，你知道吗？我真的没有想到，我被我内心的期许给障碍住了。我只看到他好的一面，我没有看到他身上蕴含的那些很凶恶的一面、很凶残的一面。那都是曾经的他自己，对别人做过的事，现在别人对于他的这种怨恨……

你看啊，你看啊，我这一刻，我杀了你，我伤害了你，我是一个很恶毒的心伤害了你。我死后啊，你对于我的仇恨啊，会储存在我对你的凶恶当中，他会烙印在我的灵魂深处的。下一辈子，我的灵魂会带着这个印记，去投胎，跟你相续这一世的仇怨的结局，你知道吗？

我一次性只能说一件事，所以说我只能拣最重要的说。现在刚才说到这儿了，说到灵魂了，我再跟你们确定一下，什么叫"灵魂"啊。人世间没有人能接触到灵魂的，那些法师们也不行，东西方的这些灵媒们也不行，那些巫师们也不行，那些活佛们也不行。他们不知道什么是灵魂。我知道，而且我现在是越来越知道了。我告诉你们什么叫"灵魂"啊，静静听啊。

我有我的头、我的眼睛、我的鼻子、我的嘴巴、我的舌头，这是我的身体，第一层。我有我的意识，我知道这个是 Pad，知道这个是桌子，知道这个是我的身体。我拥有我的意识。因为我的意和识构成了我的思维。由这个对 Pad 的概念，由这个对桌子的概念，由这个对身体的概念，形成了我的思维和记忆，这个是我的思想，知道吧？意识和思想是两种东西，思想是意识概念的相续，这是第二层。

第三层，我有我的意识，"意"跟"识"是两个东西。"识"是分别，是记忆对储存的调取；而"意"呢，仅仅是调取储存的一个工具。就像是我的手，把这个鼠标从桌子上拿起来一样。"意"就是我这个手，这个鼠标称为"识"，这两种结合起来，称为"意识"，意识的相续变成了思维。这是第三层，意跟识是两个东西。

现在"意"，就是意识那个"意"呀，是调取我心灵体验的一个工具。现在把这工具去掉，就变成了我心灵体验的……就是这个意啊，脱离了识之后，这个意，他仅仅是我心灵主观意愿、我的心灵认知，对于我大脑工具的一种摄取。

这个意，在我的心灵认知和我的大脑的分别的大脑皮

层啊，没有结合起来，这个意是不存在的。就像那孩子刚出生的时候，那十几秒钟之内，他是没有意识的，明白吧？但是他是活着的，他会哭，他的心电图正常，他在呼吸这面他是活着的，但是他没有意识。他没有意，也没有识，但是他是活着的，那个婴儿。所以你们不要总是说，有意识的才是活着的。无意识的，没有意识，他也是活着的。意识是后天形成的，他是怎么形成的呢？

第四层，就是人的心灵认知啊，心灵认知聚合了我的大脑的这个功能，变成了意根。意根开始有了这种摄取心灵体验的能力，就变成了意对于识的固定化。意，这个根，意根对于我内心感受的确定，与外界名相的结合。

意，我没有看到这瓶……就是我不认识这瓶水之前，我没有喝到这瓶水之前，我只是意识到了，意到了：它有一个东西，区别于其他物件，在我眼前晃来晃去。

当我喝到这个水了，对于水有了体验，变成了识——它叫"矿泉水"，它叫"绿茶"，它是塑料，它里面有水。这个水的名相，结合这个体验，当我在看到它的时候，当我在想到它的时候，它的形象就会出现，这个叫"意识"。

意识一定建立在名相之上。意识储存的一定是名相，而不是体验，明白吗？而储存了名相的意识，他的根源一定在体验当中。而意识本身不是体验，意识是对于体验凝固的概念。那么,这体验是谁产生的呢？好了，咱们讲第五层。这个认知背后，有一个心灵认知最初的形成。

认知啊，什么叫"认知"？认知就是心灵啊，对这具身体六根的熟悉过程，这个叫"认知"。认知之前叫什么呢？叫"灵魂感受"。咱们先说灵魂感受，进入到身体之后，变成了心灵认知。心灵认知，认知到的六根，就变成了六识，变成了"看到、听到、触到、闻到、尝到、意识到"这六识。这六识呢，又跟你的心灵的这种认知相续，就循环往复相续，变成了所见、所听、所尝、所闻、所触、所意识到的内涵，就变成了六尘。也就是六识、六尘，体现出来了六根的功用。我能看到，我能摸到，我能听到，我能想到，这个叫"功用"。

这个时候呢，就会有一个心灵认知啊，对所认知的感受的凝固化。认知的本体呀，是灵魂的感受，当灵魂的感受被肉体的功能所局限、凝固化了之后，就变成了认知的确定感。这个水，它就是凉的，这个水，它就可以喝；这个火，它就是热的，这个火，会烫伤人。这个都是具体的感受，知道吗？就是你的灵魂感受，被你的身体局限给凝固化了，就变成了心灵认知。

这个认知，和我们的意识结合起来，将我们的感受，具体化的这种感受，变成了抽象的概念。概念与感受的相续，又

牵动我们的心灵认知，变成了对于感受的排斥、喜欢、渴望与恐惧。被渴望、恐惧的情绪，所凝固的认知，与意识结合起来，就是我们所说的"自我"。明白了吗？这就叫"十二缘起法"，就是佛教里面一个最根本的，人是从什么地方来的。听清楚了，这个到了认知是第五层了。认知往下是第六层，就是你的灵魂感受。

好了，我这一辈子呀，喝过很多饮料——果汁啊，橙汁啊，草莓汁、西瓜汁、茶、矿泉水，我只喜欢喝这一种绿茶。"喜欢喝这一种绿茶"，这个是人的感受吧，对吧？喝了这个绿茶，我非常舒服嘛，我不喝这个绿茶，我非常想念嘛。想念是什么呢？对于一个具体的名相体验的想念，称为"执着心"，对吧？我满足了这个执着心，我会幸福，会开心；我得不到这杯绿茶的话，我会痛苦，会难过，会焦虑，会伤心。

伤心、焦虑的是什么？一定是我内心的感受。感受背后是什么？一定是我心灵认知储存的体验。体验背后是什么？体验背后就是我的灵魂感受能力。当这种体验的深刻，进入到我灵魂的感受能力；当这种认知的刻骨的反复思量的计较，渗透在我灵魂的感受当中，就会在感受当中，形成我对这杯绿茶的，日日夜夜的思念和念念不忘的惦记。他会形成我的思量心。

这个思量心啊，在没有这杯绿茶的时候，就天天想啊：哎呀，这杯绿茶多么好喝呀；喝了它，我延年益寿啊；喝了它，我能解渴呀；喝了它，我整个人生都满足了呀。现在失去它了之后：我生不如死呀；我要花一切代价，我要找到它呀；没有它，我活不下去呀。这个就是你的思量心，在推动着你的人格认知，到处在找这一杯绿茶。

你们知道吗？这就是你的潜意识。你的潜意识会以你具体的，对于某一种境界名相的寻找，而浮现出来你人格具体、鲜明的禀赋。你这一辈子生下来就喜欢这种女人，你这一辈子生下来就喜欢这个男人，你这一辈子听到音乐，你就非常熟悉，那个人看到数字就非常熟悉，那个就是他的思量心，他的灵魂的潜意识，蕴含的过去的思念与习气的经验，在形成他这一世的心灵认知，人格认知当中，参与进来了他过去习气的延续，浮现出来思量心对于他过去世经历那个片段的记忆，而导致了在他这一世形成人格过程当中，展现出来其他人所没有的天赋。很多数学天才都是七八岁，就是已经到了世界顶端了。

很多数学天才们、钢琴天才，那个七八岁小孩弹的都是钢琴十级呀！你怎么解释这种现象呢？你除了能用天赋、天才来解释，你怎么去解释这种现象？他是通过训练得来的吗？全世界每年弹钢琴的人成千上万，几十万的孩子，哪一个孩子六七岁弹到钢琴十级了？哪一个孩子六七岁，还在那个地方玩过家家呢，有的人连尿布都没去呢，人家已经开始在解世界最高端的，那种数学皇冠上的明珠了，你怎么解释这件事情？

这个就是人的灵魂的感知当中，蕴含的思量心的这种习气与经验的记忆。在这一世，他的灵魂感知，塑造成为心灵认知，变成自我认知的过程当中，携带有他思量心对于过去那种场景、习气、记忆的片段，浮现出来超常的天分与天才。就这么回事。

好了啊，我再给你们讲具体灵魂的体验啊。灵魂的体验就是在你的思量心、你的思虑背后，有一种你的人格很难觉察到的，和你的人格自我完全没有关系的一种，就说你完全不熟悉的一种……

你们小的时候，都在妈妈的怀里面吃过奶吧，那可能是我们有记忆的最早的时候。在天气很热的时候，当你在你妈的怀里面睡醒觉的时候，就说刚刚苏醒的时候，闻到那种气息，就是那种很潮湿的、很深沉的，生物的一种气息。那是一种生物的气息。那种生物的气息，他可不一定是你妈呀，他可能是别的什么生命。

我今天跟你们讲的灵魂这东西，是已经很接近于这种灵魂的实质——他是一种感受。灵魂是一种潮湿的、温热的生命的气息。但是这种生命的气息呢，绝大部分人，99.9%的人，他都是一种动物的气息。他是一种气息，他没有形态，他甚至于没有名相，他不是具体的某一种执着，他是一种生物的气息，这个是人的灵魂。当你死后，这个生物的气息，他会继续释放他气息当中所储存着的，这种灵魂感受的意图。这种意图往往都是在三界的下三道里面轮回。

所以说我为什么对性欲，看得那么那么地慎重呢？因为这种生物的气息，这种动物的气息，这种生理性上的气息，这个是我目前的 Windows 系统里面，这个灵魂体系里面，最后属于三界的内涵了。我要把这种生物性的、动物性的这种气息，完全净化掉，我就以一种纯光的状态，出现在这具身体之内了。

那么，这个动物性的气息是什么东西呢？就是我的灵魂感受啊，在过去世轮回的时候，储存的对于性的这种体验和记忆——这种做爱啊，性交啊，对于女性身体的这种酷爱啊，形成的这种习气当中的记忆和眷恋。

所以我为什么对于性的态度，非常非常地宽松，为什么？释放，欲望、习气只能通过释放，净化他。把那个地下室的盖子打开，让里面的霉菌跑出来，让阳光照进来，才能够把它的根断掉的。千万不能排斥，千万不敢排斥，不敢给他定性的。你说他是罪恶的，他一定就会从一个原始本能的生理的气息，变成了一个带有负罪感的具体的生命了。那个生命就跟你的这种，对他定义的这个"你"，就形成了对立。而这个"你"就因为对性欲定了义，而永远没有办法被消融掉。

有"你"就一定有轮回的，而你的轮回就是因为给性欲，给生理的这种习气定性了，而有一个定性的"你"。你就永远被性欲的这种习气，凝固在生和死的境界当中。我对于

性的态度只有一个：性欲跟吃饭、喝水一样正常自然，而且是健康的。

我现在身体已经 51 岁了，但是我现在身体没有半点衰老的情况，为什么？因为我身体里面这种性的力量很强，而且我从来不外泄的。我现在的整个精神状态和生理状态，大概就是我三十二三岁时候的样子，我比正常的年龄年轻了 20 岁。就是因为我在借助这种性的习气当中蕴含的，这种生理的滋养性，在逆转我整个的生理状态。

前两天还有一个人，在我的论坛里面，在那儿忏悔她的性欲。她说她不应该满足性欲呀，这个那个的。我当时我差一点就让她滚蛋，你知道吗？当时我是极力地克制、忍住了。这个东西对于我是绝对绝对致命的东西。就是对于性欲态度，对于我是绝对致命的东西，为什么？

因为修行到我这一步的时候，我已经到了任运自然的地步了。心和神是敞开的、开放的，不被任何……就是我的内在的，就是我灵魂感知力当中的潜意识的一些习气，是要通过释放，才能够被宽恕，通过宽恕才能透明，通过透明才能遗忘，通过遗忘才能够根除的。你反倒好，在我的圣殿里面，在我的论坛里面，在我家里面，公然否定我的教法！

我从来不容许纵欲，从来不容许乱伦，从来不容许嫖妓的，遵纪守法，洁身自好，这个是我的一贯原则，也是我对于我学生的标准，你们要持戒的。但是对于你的生理本能，一定要把他正常化，要宽恕他，原谅他，理解他，甚至于去配合他。你饿了就吃东西，渴了就喝水，他是正常，他是无罪的。这样的话，你才能够把因为负罪感而压制在你心底里面的，那种对于性的确定感，完全解开他的镣铐，让性的生理本能，彻底地释放出来。他释放才能够透明，透明才能够被遗忘，遗忘才能够被宽恕，宽恕才能够被解脱。解脱了性的因素，就解脱了生死轮回最核心的那个因素了。

而这个人竟然不知死活，胆敢胆大妄为地在我的论坛里面，公开地忏悔性。这个是在跟我这尊真神公开叫板了。也就是说，她的意思是说：你的教法是错的，性是罪恶的，不应该说，不应该被宽恕，应该抓住就打死。

当时我是念她，就是进到我的论坛里面来，可能不容易，你知道。肯定是申请了很多次才进来的。但是我当时给她说，我说：你只有这一次机会了啊，只有这一次机会！再敢谈下一次，立马踢出去，永远不准再进入我的论坛，永生！就是我跟你就彻底断绝关系了，你这一辈子不要再想再学我的教法了。任何人都可以学，你不可以学的。就是你自己偷偷学也没有用，你身边没有我的护法的。

以后任何人，是凡胆敢在我的论

坛里面，忏悔有关性的这种内涵，一律……就说不要给他解释的机会，一律踢出去，而且永远不准再申请进入论坛了。我在这一块，是绝对禁止的。

我对于性的态度，是在尽我所有的力量，去将他正常化。因为只有正常化，你才没有负罪感。因为有正常化，你才能够淡化他；只有淡化他，他才能透明；只有透明，才能够被遗忘、被宽恕，才能够被解脱，你知道吧？因为性欲，他是导致一个人生死轮回的根本根本根本的根本啊！他如果不解脱，你行善、做功课，你忏悔，没有用处的！这个是一个比天还大的事！你知道吗，在我的教法里面。

我的教法里面直面两样东西：第一个，性欲，这个是为活着的人用的；第二个，就是死亡。我的教法里面不许诺人们成神作祖，不许诺人们什么证到几地果位，证到几地菩萨。我的教法只针对一件事——死亡！我的教法是直面死亡的教法。

人世间只有我这一个教法，是直面死亡。没有任何一个法门胆敢告诉你：我的教法可以让你面对死亡。因为他们那些所谓的"上师"，他们还是鬼呢！你不要看他现在这一世是方丈，是达赖，是班禅，是活佛，是哪一个民间有名的什么居士头，是哪一个著作等身的所谓的"大师"；他本身还是鬼呢，他还是生死的奴隶呢，他哪有胆量跟死神叫板啊？我有。

我是如假包换的如来种，我是已经开始圆满自己宇宙体系的一个八地的大菩萨，而且年底我就到了八地第七层了。再有3年，我就可以接近九地了。24年之后，我就是你们传说当中的观世音菩萨、文殊菩萨了——这个是我百分之一万可以肯定的事。我有力量解开死亡，我有力量带着灵魂跨越死亡。就包括这个大哥也是一样，他现在是癌症了，好的是，他不是那种不可治愈的癌症。

我跟你们讲啊，就是我现在可以找到灵魂了。灵魂就是你的主观意识以外，你不是还有个潜意识吗？你的潜意识那个思量心，那个思量心是灵魂感知的表现，他还不是灵魂的本体。灵魂的本体，他是一种生物性的习气的凝固态。他就像是一个……咱们怎么说呢，他就好像是那个胶水一样，就是一团胶水，堆到桌子上，它是液体，它是流动，但是它本身很粘稠，那个是人的灵魂状态。

他是习气记忆的一种凝固态的感受，那个是人的灵魂。感受背后就是灵魂的感知力，那个就是解脱了灵魂感受的状态，进入到灵魂宇宙去。那个已经变成了，就说是天人以上的众生吧。就说那个欲界天之上的众生，都是在灵魂的宇宙里面。跟这个灵魂感受平行的呀，是阴间。阴间，还有那个饿鬼道，是跟这个灵魂的这种凝固态的灵魂感受平行的空间——饿鬼道和阴间。还有往下，那个就不再是灵魂感受的这种凝聚态了，就不再是所谓的这种灵魂状态，而是一种沥青的状态。就纯黑色那种沥青的状态，那个就是地狱、无间地狱。

我的教法只针对一件事——死亡！
我的教法是直面死亡的教法

现在我已经可以接触到这个灵魂感受，就是人的这个真正的灵魂的这种存在了。能接触到他，他是需要力量的，就是需要你智慧力量的。能看到你的灵魂在哪里，能知道你的灵魂在你的这个生理细胞的第几层，能知道你的灵魂在你的身体哪个位置，在你头啊，在你心脏啊，在你的脊柱啊？知道你的灵魂是在哪个位置，在肉体细胞第几层。

你光看到还不行。你还得有力量去净化他、唤醒他、塑造他，改变构成了灵魂里面的细念习气储存的记忆的内涵。你有没有这个力量？人类不可能有，不要想了。你不论是什么身份，你都不可能有。你不论是活佛呢，还是红衣主教呢，还是教皇呢，你们都不可能有的。

能触及到灵魂的只有神。因为只有神可以度化灵魂，神可以改变灵魂，神可以把灵魂的性质，改变了之后，唤醒灵魂内被魂魄掩盖的那个见精，让这个灵魂从一个鬼魂的状态，变成了三界内色界和无色界的神灵；

甚至于苏醒见精背后蕴含的,那个纯光的灵性,将这个灵魂度到天上去,度到天堂里面去,变成真正的神灵。这个只有神佛有这个力量。

我就有,我也是才有的啊,我也不是过去就有,我也才有的。就当我的智慧可以普照、渗透在,每一个灵魂之内的时候,和那尊如来的慈悲结合在一起。慈悲透过智慧的这种普照性,渗透在所普照的灵魂境界当中,就可以以慈悲的这种光明,融化、抚慰灵魂的恐惧与焦虑感。

恐惧融化了,焦虑感平复了,灵魂的梦境就消散了。梦境消散那一瞬间,灵魂的根本性质——那个清澈的空间,那个见精就以清澈空间的形态,在灵魂宇宙当中,就浮现出来了,体现在这个人的肉体表面,就叫"奢摩他"——止观境界,这个人就证到罗汉果了。凭他自己的话,多少千年,但是我要想唤醒他,几个月,这个就是神的力量。

所以说呢，现在就是他人格这一面，选择生还是选择死的问题。他的这些冤亲债主不放过他，因为我唤醒他的速度太快。我确实是低估了他身上这些，就是业力当中蕴含的这种负面的因素的力量，但是我确实想看看，他对于我的虔诚程度到底有多深。

昨天，当时听他说的时候，他说他是癌症那一瞬间呀，我看到一个鬼魂浮现出来了。就当时他说那两个字的时候，他整个的身心当中，是一个鬼的样子。什么叫"鬼"？就是他活生生的一个大老爷们，从他身上飘出来一个面目狰狞的、被恐惧所扭曲的、纯黑色的一团雾气，那个就是鬼的状态，你知道吗？一个大老爷们让吓成那样子了，那个就是鬼的状态，鬼就是恐惧呀。什么叫"鬼魂"？鬼魂就是恐惧和无助、迷茫构成的一团雾气的状态呀。

当时我听了之后，我的心底里面，哎呀，真的挺难过。因为这个人

对我太重要了，你知道。他是对我有恩的人，而我就是一个记恩情的人。可是我一个人，我怎么去承担这种东西呢？我是没有力量，就是作为一个人，我是没有力量的。可是我面对他的时候，我人性那面是占据上风的，他不是一个跟我没关系的人啊。

我的教法当中，许许多多，在我这地方，就说是多少要死去的人都活过来了！我从来没有为此自豪过，我从来没有说是拿这东西说过事，为什么呢？因为那是我那面，那是我的 mac 系统的那尊如来和大菩萨，祂们的智慧在无偿地、免费地、义务地普度众生的。他不是我这个 Windows 系统的人格自我做的，跟我没有关系的。

我不接受别人的任何捐助，其中有一个最重要的原因，是我不喜欢欠任何人的情，你知道吗？欠了钱都不可怕，我可以还的，欠情我不干的。所以我不接触任何人的。所以说是你们的好，跟我也没有关系，也不要扯到我身上来。那个是我背后的那尊如来，祂的护法们做的事，跟我没关系。那个只是你的信仰和那尊如来之间的关系，跟我这个讲法人没关系的。

可是这个大哥，他跟我有关系啊！他帮助过我呀，我欠他的人情啊！这个欠情，就把我拉低到了一个人的高度了。人，我有什么办法呢？我又不是大夫，我又不能给你看病。所以，当时我就懵了，你知道吗？

后来我好好想了一想，我把我看到的这个缘起、结果告诉他。我说：现在就是你选择的时候，你要是选择恐惧，选择维护你的人体走，你就是人，你就去治病，你就是怎么怎么样。怕死嘛，人之常情，我也怕的。

后来我就回到我那个地方，回到我那个 mac 系统里面去看了一下，回到祂的那个境界，看了一下整个的过程，我知道自己错在什么地方了。错在我对你有期许，错在我希望你好，错在我忽略了你的业力，错在我太希望，就说太急于求成，把你从一个死亡的灵魂状态，塑造为一个神灵，而触发了你的生命当中蕴含的，那些原本需要你几百年、上千年才还的债务。现在在短短的几年之内，让你还掉。他们一定是要你死掉，才可以还掉的。

因为你一旦被我净化之后，他们就找不着你了，他们是抓不住光的，你知道吗？他们抓住的，只能是你的习气的记忆和人格的自我。当你人格自我消散了，你变成了那种见精清澈的性质，他们是抓不住的。

他们现在趁着你还懵懂呢，还没有变成那个性质呢，要抓住你的人格自我，扩大你的恐惧，让你把你的心灵和自我的专注力，放到这具身体上来，他们好通过折磨这具身体、残害这具身体，而摧毁你的信仰，让你远离神。那他们就等于把你的生生世世毁掉了，知道吧。现在就是你选择自己灵魂未来的时候了，这个决定，我不能帮你做，但是我可以告诉你三句话。这个也就今天我给你们讲法的一个目的。

第一句话：这个宇宙，是神佛的宇宙，不是人间的宇宙，不是人类的宇宙。包括人间，都是属于在神佛智慧之上，因为众生背离了智慧，而投射出来的，因果的一种障碍。这人间是因缘障碍，他不是一个真实的世界。真实的世界，永远不会改变的；而改变的，他的本质并不存在。这是第一句话：这个宇宙是神佛的宇宙，不是人类的宇宙，神佛说了算。第一句话，这我肯定，这是一切宗教、一切真理的根本的基石——宇宙是神佛的宇宙。

第二条：现在的我们的身体呀，你的意识，你的身体，你所谓的活着和这个现实世界呀，是一场梦境，本质上、体性上、感受上，都是一场梦境。梦境里面，没有生，也没有死，所谓的"生和死"，只是你的心对于梦境的执着。如果你不执着于生，就不会有一个死的发生了，因为你不在梦里面。而从梦里面解脱，才是这个梦境存在的唯一的目的。我们活着是一场业力相续的梦境，从梦里面解脱，才是我们活在梦里面的唯一的意义和目的。这第二条。

第三条：只有仰仗神，才能够苏醒梦。而神，就是我那三句咒语——神是爱，上主是爱，我是爱。只有当你这个梦里面，被梦境所牵引、所塑造的这个鬼魂的你，成为了爱的无私、纯洁、无我的光，你才能够融入到如来的天堂里面去。

如来的世界是无所不在的，包括人世间，都是祂智慧呈现出来慈悲心，所表现出来的一层业境的障碍而已。不是慈悲与智慧是障碍，是因为我们对于我们身心自我的执着，而形成了障碍。当我们对我们身心自我的执着，能够淡化、透明、消散，能够忘我，能够彻底放弃对自我身心乃至于生命的维护，我们内在的这种安宁、坦然、透明，自然就会透过来佛无处不在的，那一尊如来的大慈大悲的普照，这个叫"即身成佛"。

我今年 51 岁了，按照正常来说的话，现在，就说 50 岁一过，到了 80 岁之前，这 30 年啊，是这个癌症高发的，是一切人癌症高发的一个时间段。因为我们的细胞不是在不断分裂嘛，分裂的时间长了，他会受很多的因素的影响，他可能会出现这个病啊，那个病啊。实际上真正夺取人生命最多的，还不是癌症，是脑溢血，是心梗和脑梗，每年夺去的人的生命最多了，而且他的痛苦的话，一点不比癌症小。

我感同身受地说，今天如果要是患了癌症的是我，怎么办？首先我得肯定一点，我是没办法的。就说我作为一个 Windows 系统的这个人格的我，是拿这种疾病没有办法的。我会很害怕的，我会很痛苦。但是，凡事你去问老大嘛，对吧？我不行，不寓意着祂不行啊，不寓意着我身体里面觉醒的那尊佛不行啊！我会去问祂的。

所以为什么在我临死的时候，我相信的，永远都是那个我自己呢。我崇拜释迦牟尼佛，崇拜基督耶稣，但是我真正遇到事情了之后，我相信的永远都是祂呢。因为祂才是真正的我。而祂的本质，祂生命的性质，呈现出来了，古往今来一切佛，包括释迦牟尼，包括耶稣。所以只有祂是唯一不变的。我会去问祂，我现在应该怎么办。

我得到答案的话：接纳自己的死亡，接纳这具身体的死亡，接纳我今生人生命运的结束，接纳我这个人格自我未来几十年承受的痛苦，接受这一切，承担这一切，因为这一切都是我的债，我要还的。这个是祂告诉我的话。但是呢，还了债，在通过还债的过程当中，祂会陪着我，那尊如来会一直陪着我，我对于祂的信仰，我对于祂绝对虔诚、臣服于地的，那个绝对纯洁的信仰心。祂会随着我的信仰心陪着我，去替我承担，我原本应该承担的那些债务的……10兆亿倍的债都让祂承担，我可能只承担了十兆亿分之一，你知道吗？

身体能好，就好。好，你也就是好个几十年，最终还得死嘛。人世间有不死的人吗？释迦牟尼佛没死吗？耶稣没死吗？任何生命都会死的，你早死晚死，没有什么太大区别的。如果你要是不觉醒，你剩下的几十年活着，跟一个鬼，跟一个动物，跟一个蛆虫，跟一个畜生，也没有什么区别的，活着跟死了没有什么太大区别的。关键是觉醒啊！

怎么觉醒呢？在人格这面就是成为"爱"。去爱你的疾病，去宽恕你的疾病，去接纳你的疾病，去接纳、承认这个疾病，会要了你命的这个事实，并且接纳他，去爱他，温暖他，与他相伴。第二个，把你的命交给神灵，把你的身体交给大夫。

我在这儿重新说一遍啊：患病了，一定要看医生的，因为医生看病是人世间最廉价的方法。癌症嘛，现在治疗方法有很多的。但是我是建议你们开刀把癌症去掉，但是其次呢，然后就说是转到中医去治疗，尽量

我得到答案的话：接纳自己的死亡
接纳这具身体的死亡，接纳我今生人生命运的结束
接纳我这个人格自我未来几十年承受的痛苦
接受这一切，承担这一切
因为这一切都是我的债，我要还的

尽量不要上化疗。一旦化疗了之后，他的正常细胞，会被损伤很大的。很多中医，他是不收化疗的人，为什么？他正常细胞那个核心的免疫力被摧毁了，中医要调你的话，会很困难的。

我对西医是承认的，但是我只承认一部分啊，我只承认一部分。就西医的那个对于人类最大的贡献——抗生素。西医的这个疫苗，还有抗生素，这两样，还有外科手术，就这三样东西是，每年挽救全世界多少多少，几千万的人的性命的。但是你也不能说西医就是全面。西医对于癌症的理解，就是不深入、不全面的。

我给你们举个例子吧。我曾经讲过一堂法，叫《神迹》。我说是那个人们对于神迹的理解啊，是错的。我曾经在30岁的时候，患过一次胆囊炎嘛，急性胆囊炎。当时我是在家里面熬了两天两夜，48个小时，没吃饭，中间就喝了两杯水，为什么呢？疼得吃不下去。就疼得我一会儿站，一会儿跪，一会儿躺，一会儿……就地上打滚那种疼。

第三天实在熬不下去了,因为两天两夜没合眼,也没吃饭,人的精力快到崩溃的边缘了。就刚刚睡一阵,就被疼起来。那年我大概就29还是30岁?就算是30岁吧。把我送到当时我们兰州市最好的肝胆科医院,叫"三爱堂",那是甘肃省军区的医院。那是属于军队的一个医院,那是有着全国最顶尖的肝胆科的专家。

送进去了之后,马上就说是抽血、化验、拍照嘛。过了两个小时,化验单出来了:急性胆囊炎扩张。就是我的胆管、胆囊扩张了,就扩张得比平常的胆囊要大好几倍。胆囊里面全部是脓,胆管里面全部是脓,而且胰腺也感染了,所以会那么疼嘛。而且我那胆囊里面是泥沙性的,泥沙性的那种结石,排不出来,用那个做微创手术取不出来,只能摘胆囊。

人家当时就说是,我的血象啊,里面那个什么白血球的什么，就比正常人高出几十倍来。就再多一点，你就是败血症了。你现在来，还算及时，再晚来一天的话，你就是败血症了，就死到这儿了。然后，马上要住院啊，住院费6500。我一年也赚不了6500啊，当时因为穷啊。

后来我就，没办法，没钱啊，你咋办啊？然后我就碰着我兰州一个朋友，他认识一个中医，姓李，把我就接到他那个地方。当时他的车来的时候，我是站在医院门口等他的车嘛。那时候大概是九月份吧，秋天了，早上的时候，秋风刮过来的时候，我能感觉到，就是风啊，从我的前胸刮到后背去了，就穿透我的身体，刮到后背去了，我就知道我的身体，可能已经快死了。

人活着是活了一口气。就是我身上的那个营气和卫气呀，已经涣散了。就我们的细胞表面有一层经络，它运行着一层气，保卫着我们的身心的。那层气叫"卫气"，就是"保卫"的"卫"。那层卫气已经涣散掉了，这个是人临死

之前的状态。当时疼得我已经只有出的气,没有进的气了,我现在都记得很清楚的。

然后把我送到李大夫那个地方去,那个就是个老头,脏兮兮的,60多岁。就是眼睛下面扎两针,额头扎了两针,耳朵背后扎了两针,腿上扎了两针,还有哪个地方?反正总共大概扎了七八针吧,七八针扎了脸上。30秒,30秒不疼了,疼就止住了,然后我就跟正常人一样了。

化验单还在我手上拿着呢,胆囊发炎,胰腺感染,胆囊里面、胆管里面全部是脓,再不治疗的话,就面临着全身败血病,人家扎了几针不疼了。然后我又连着扎了3天,就是后面还是有点疼,但是就吃中药,就用了大概……用了5天时间,扎针之后,又用了5天时间,就彻底好了。

彻底好了之后,然后当天我就去吃大餐去了。当天我就是又是肘子的，又是螃蟹的，又在那儿胡造去了，为什么？因为我能看到我身体里面那个业呀，那个黑色的业消掉了，你再怎么吃，没事的。你换成任何一个胆囊病、胆囊炎患者，你试试看，一吃照样发的。我好了之后，马上就去开荤去了，没有任何反应，跟正常人一模一样。

过去我吃饭是用盆吃的，现在我的饭量，大概是我30多岁的饭量的六分之一吧。过去，就说是饭店里卖的那个肘子呀，就是一次那个肘子，我一顿饭是两个肘子。两个肘子，一碗米饭，这是过去我的饭量。现在的话，一个肘子我得分成三顿吃。

第二次，就是在加拿大的时候，我那个坐骨神经疼。坐骨神经啊，就是你这个，就不知道咋回事，就疼得特别厉害。坐骨神经，神经疼，那个真的很痛苦，它不是你的皮肤被割破了，不是你的肉破那种疼，它是一种从内往外的那种疼。那是苦不堪言啊，坐也不是，站也不是，只能躺着。躺着的话，你这位置稍微一不对，它又疼。

我上网去查去了，恰恰有一个人，提供了一个药方。他也是坐骨神经疼，用小活络丹，大概是半个月除根。我吃了一下，吃到第三天就不疼了。我吃了半个月，到现在为止，过去大概十几年，再没疼过。这个就是中医的魅力，你知道吗？

所以我给我这个大哥讲：就说是手术，你是一定要做的，咱们要相信科学的，相信医学的。但是比起西医在癌症这一块的治愈，我更相信中医。就是我不是不相信西医啊，西医的手术，是中医所没有办法比拟的，对吧？你把你患癌那一部分切掉，是应该的，但是剩下的就不要再继续了。化疗，就说我不建议你做，你可以吃一些靶向药物，可以，然后配合中医的那种汤药，去治疗。

因为我看到他的身后啊,他的福报依旧很大,但是他的业力,跟他的福报是同时存在的。在这一点上,我从来没有怀疑过他还能再活几十年,这个我从来没怀疑过。他可能就是在这几年,可能要还一笔命债,你知道吗?因为我这个修行者,对于他灵魂领域里面那种生命性质的改变,太厉害了,就触及到他灵魂蕴含的那些,就是原本要再过几百年,你要去偿还不同人的那些债务的。

你不要以为你到灵魂境界里面去当王了,你就可以躲得过了。他们跟你虽然不在同一个空间,但是他们却蕴含着你的灵魂领域里面的这个境界里面。他总有一天,你福报用完了之后,他会等着你的。但是当你变成光了之后,你跟他的生命性质不一样了,他们就不会放过你了,他们就会提前来找你的。

就说我实在是不能为你做任何事,我真的,我作为一个人,我一点力量都没有的。但是我可以从我自身的这个体验，我告诉你：第一个，我对于神的看重，我对于神的虔诚，是远远大过于对我自己死亡的相信的。就是我这具身体好，就好了；死，就死了。只要我的信仰还在，只要我对祂仰望那个虔诚心，没有受到我身体的任何的动摇，够了，还要什么呀？我现在死，跟我40年之后死，有什么不一样吗？都是个"死"字。

我担心的是，在我死的时候，我认不出祂来。在我死的时候，我心里想的不是祂；在我死的时候，我心里想的是自我，那我才叫完蛋了呢！那我就真正地完蛋了，那我就变成鬼了。如果我死的时候，我的灵魂是仰望祂的，我心里面只有祂，死后去哪里，我是无所谓的，我一定是跟祂在一起的。跟祂在一起就行了，在什么地方无所谓。这个就是我的信仰——生死无惧，知道吧？

我不怕死亡，我甚至于不怕病痛，我不怕衰老。癌症可能会让我一时地恐惧，但是我知道那是我的债，我要去承担他，我会去爱他的。我会配合医生去治病，但是我不会把治病这件事情，当成我生命的主体。我生命的主体，是为着仰望祂而存在的，那是我的主子，那是我的上帝，那是我生命所有的光、所有的希望、所有的幸福、我所有的虔诚。没有任何东西可以干扰到我的虔诚心的。

要是我的灵魂有一天不再仰望祂，而被我身上的癌症，拉到了这具身体里面来，那我还不如死了的好啊！你一个鬼的活着，有什么价值呢？但是只要我有一天，每一天都是仰望祂的，是跟祂同在的，这具身体好和坏，又有什么关系呢？坏就坏了呗，坏了你去治呗，对吧。你今天吃个靶向药物，明天吃个汤药，有祂跟我同在，祂陪着我一起承担这些债务。祂可能承担了一兆亿倍，我只承担了一兆亿分之一，另外都让祂替我承担了，我有什么不知足呢？我有什么不满足呢？

我说的可是句句是实啊。与神同

在的生命，才是有希望的。而祂留在人世间的标准，无非就是那三句话：神是爱，上主是爱，我是爱。祂只想让你成为爱，然后以爱的光，融入祂的庄严。祂是到地球上来度化灵魂的，祂是到地球上来教会人们如何直面死亡的，祂不会改变你的业力现象的。业力现象都是在你生出来就定好的，祂要改变你的因缘现象，就等于说，否定了整个三界的因果自负的律法了，那整个三界就乱套了，你知道吗？

哎呀，这个时候我就突然间觉得，耶稣的……就天堂那么好，耶稣那么好。耶稣的教法呀，祂带给我生命的记忆是爱，是纯粹的温暖和光明。耶稣的教法和祂的教法的共同之处，在什么地方呢？祂的教法，对于灵魂的引导啊，是非常严格的，标准很明确，一层层的标准非常明确的，但是缺乏温度，因为祂是以出离心为根本的。

什么叫"出离心"？对这具身体和人格自我的彻底否定，

叫"出离心"。什么叫"出离心"？出离心不是你不要这个，不要那个，不吃不喝的，要离开家去山洞里面，那个不叫"出离心"。也不是出家剃了发那叫"出离心"，不是的。

出离心，是对你这具肉体的，建立在这具肉体之上的人格自我心意的彻底否定。我不是这具身体，也不是认知这具身体的心意的自己，这个叫"出离心"。是对于这具身体的否定，对于人格自我的否定，对于心灵认知的否定，对于意识记忆的否定，这个叫"出离心"。也就是释迦牟尼佛所说的"四念住"——观身不净，观受是苦，观心无常，观法无我。也就是释迦牟尼佛所说的这个"四念住"。

释迦牟尼佛整个的佛教的核心，就是出离心。因为有出离心，才会升起了般若智慧。什么叫"般若智慧"？无生无灭，当下圆满，这叫般若智慧，自性现前。没有出离心，般若智慧就无法展现的，所以佛教是以持戒为根本。什么叫"戒律"？对出离心的实践，就对于人格自我和身心感知的彻底的否定。

什么是耶稣的教法呢？耶稣的教法，是以纯粹爱的宽恕，拥抱生命的境界。也是要对人格自我和身体彻底的否定，这两者的基点是一模一样的。一个是持戒否定身心意识，一个是以爱的宽恕和温暖，宽恕身心意识的自我。

什么叫"宽恕"？"宽恕"还有一个名词，等同于"忘记"，知道吗？就说我宽恕你的背后，是我要遗忘你。只有被遗忘的，才是被彻底宽恕的。你惦记着他，你不可能宽恕他的。无论是你爱他，还是你恨他，只要你还能够记起这个人，你就未曾宽恕他。

我们现在眼前所见的这个世界，都是我们潜意识里面那些习气，未曾宽恕的记忆。当潜意识的习气，完全被你灵性的光所宽恕了，没有潜意识习气记忆了，你眼前看不到世界，你眼前看到的，就是天堂。

我说的这个是有一句是一句，都是实话啊。当我内在灵性苏醒的时候，我看到的不仅仅是人类这个现象世界，同时还能看到天堂的光和无尽的纯生命，构成的浩瀚无限的天堂的宇宙。那是身临其境的，不是我看到，而是我能经验到。

当我是祂的时候，当我是那一尊如来的时候，是没有自我存在的，没有我、没有众生、没有境界，也没有任何的轮回发生过。而一切都在我之中，我在一切之内，却是不被一切所左右、所割裂、所蒙蔽、所触及到的，当下圆满的十法界的恢弘。那个勉强有一个词，可以来形容我，就叫"清净涅槃"。祂是渗透在一切当中，以一切生命的心语意，呈现出来我的智慧与平等的慈悲。

那么，这两者呢，我是把那个祂的这种清净平等的智慧法，和基督耶稣的这种宽恕与爱的光明的法，像拉链一样，现在拉起来了。两个拉链，现在拉的程度越来越多了。拉链，它不是一整个嘛，刚开始我就拉到下面这几格。现在因为这个大哥的病痛啊，大哥的这个癌症的出现啊，我又把这拉链往上又拉了几格；拉了几格，大概拉到什么地方了呢？祂的具体表现是什么呢？

就是，前因后果我跟你说清楚了。这个前因后果说清楚，这个是智慧的作用，只有普照智慧可以知道你的灵魂领域当中，发生了什么事，并且知道了他的前因后果。这个只有智慧可以普照到，这个是智慧。同时的话，持戒，什么叫"持戒"呢？就是对于你人格自我和身体的彻底否定——你不是这具身体，而是你是对于如来绝对虔诚的臣服与信仰。这个是属于祂的那一部分。

而基督耶稣这一部分呢，是表现

在你面对你身体的这个态度上，身体你不是首先放弃了吗？什么叫放弃了？接纳自我的死亡，等于放弃你的身体，就是我接受我的死亡了。我真的接受了，就是我看病不是为了让我的身体好，我看病只是在还我的债而已。能还完，身体好了，那就好；还不完，身体死掉了，那就让他死。这个叫接纳自我的死亡，这个就叫对于出离心的践行，明白了吗？对于人格自我、人体自我彻底的否定，就是对于出离心的践行。

那么在这个基础之上，在这个对于戒律的持戒之上，还有另外一种态度，就是以天堂这种纯光、纯生命的灵性的爱……我的身体，我已经否定了，我已经，他的死活我不在意了，但是我现在呢，又融入了基督耶稣对于这具身体的爱。这具身体，他不是我，但是爱是我。爱成为我的时候，这具身体无论他是病的，他是坏的，他是死的，我都会爱他。对于这具身体的温暖、宽恕、接纳，这个是耶稣的教法。

就是耶稣教法呀，祂也是从根本上，否定这具身体是你自己，否定这个人格自我是你身体。祂说：你是蕴含在灵魂深处的，那个宽恕灵魂境界，不被身体所左右的，未曾发生的安宁。你是以光与爱的形式，呈现出来对这个世界的宽恕。

也就是说，对于你身体的癌症，你要以一个宽恕与爱的温暖，去接纳他，去承认他，去抚慰他。以爱你的孩子的这种心，去爱你的痛苦。因为你没有敌人，你所碰到的一切痛苦，都是你自己为自己设置的磨难而已。当你是爱的时候，这些磨难只会剔除爱当中，你自我维护的因素，让这个爱的品质和爱的光明，更加地擢升，更加地璀璨。

什么叫"爱"呢？熄灭恐惧，那种不被所发生境界扰动的安宁，那个就叫"爱"。真正的爱，还有一个名字，叫"涅槃"；真正的爱，还有一种体验，叫"未曾发生"。怎么样在你的病痛当中，达到未曾发生呢？接纳病痛，去用爱的心，温暖你的病痛，与病痛同在；以爱的安宁感，和你的病痛共同度过，你们共同去偿还的这段过程。他在折磨你，但是你要爱他，原谅他，宽恕他，承担他，去用安宁的心包容他，这个是耶稣的教法。

我把这两者合到一起了，拉链拉到一起了。一方面，智慧，可以唤醒你灵魂深处那个清澈的见精；一方面，用灵性的爱的这种光，透过你见精的这种纯度，渗透到你的肉体细胞的基准记忆里面去，去用爱的光明，去承担那些业力对于你的仇恨。只有爱可以化解仇恨，只有宽恕可以遗忘灵魂所经历的历史。宽恕当中是没有时间的，宽恕与遗忘当中，是不会储存善与恶的。祂既没有恩情，祂也没有怨情，宽恕的背后，就是那个未曾发生的安宁，那个就是清净涅槃的平等。

也就说，通过小小的一个人世间病痛的案例，我为这位大哥，为未来患癌症的人、现在已经得癌症的人，留下了一个，借助神的力量，与神一起面对癌症，通

什么叫"爱"呢
熄灭恐惧
那种不被所发生境界扰动的安宁
那个就叫"爱"

过癌症治愈的一条道路，锤炼你对于神的信仰，净化你对于神的信仰的那种虔诚心；直到通过你治愈癌症的，与神相伴的这段过程，让你的灵魂在爱与温暖当中，逐渐从自我保护的恐惧当中解脱出来，融入到见精的清澈，进入到灵性的天堂。那么你治愈癌症的这条治病之路，恰恰变成了人世间修行者的解脱之路。这就是我今天讲这堂法的目的，这是神，留在人间的一个法门——真神教，圣光宗。

我面对人世间只有一个目的：让人们有力量直面死亡。神会陪你渡过，你未知的死亡的深渊。有神在，光明就在；有神在，安宁就在；有神在，希望就在；有神在，天堂就在。天堂的神，与你们同在，你们永远不要害怕。我为我说的每一句话作证，时间会为真神作证。

当时释迦牟尼佛成就了之后，那个魔王波旬啊，过来恐吓祂，用美女诱惑祂，最后都不成功。然后魔王波旬就非常愤怒，说：你说你觉悟了，谁能为你作证啊？

哪一个人能站出来说，就说是，你说你自己获得了无上正等正觉，解脱了死亡，谁能为你作证啊？

释迦牟尼佛当时，他们在印度嘛，可能也天气很热，祂也不穿鞋子啊。祂的左脚拇趾，大拇趾按地，整个的山谷，那些灌木丛，那个贫瘠的土壤，瞬间变成了金色的。就整个人世间贫瘠荒芜的土地，瞬间变成了佛国的富丽堂皇。释迦牟尼佛说：大地可以为我作证！

今天很多人也在质疑我啊，说：你口口声声说，你证得了这个无上正等正觉，你已经证入到了诸佛如来才能证到的如来寂灭性、大般涅槃性，谁来为你作证？我告诉你们：时间，会为真神作证。为什么呢？因为一切生灭的，都属于时间；而不在生灭之中的，会超越时间。时间会带走，蕴含在我身上，目前没有圆满的，那些生灭因素的习气；而留下来的，那个神性的觉性的光，和究竟圆满的庄严的智慧，会透过这具身体，在人世间展现出来，一尊如来的神圣庄严。时间，会为我作证。

癌症也好，脑血栓也好，白血症也好，这个是人间不可治愈的疾病。但是因为这个大哥的事情，他触动了我，促使我这一个人间的真神，这一尊准如来……他动了我的心嘛，我就必定要解决这个心的问题。然后我身体里面，蕴含着的灵性的光明，与觉性的普照结合起来，留下了今天这一个法门。就说是，不要怕死亡，不要怕疾病，这个是你生命的另外一种状态，和你正常的、健康……

就你健康地活着，他的底色也是死亡；你患癌症地活着，他的底色也是死亡，这两者的结局没有任何区别的。既然死亡这个结局无法避免，那么你活着的内涵，就决定了你生命的性质。你是个修行者，与神同在，你的灵魂会在这具身体死掉了之后，回到如来的世界，回到灵性的天堂，那个才是你活着的目的。如果这个目的没有了，

你是健康地活着,还是那个病痛地活着,意义不大的,都是一样的。

你虽然很健康,没有患疾病,但是你穷啊。你虽然没有死于癌症,但是你死于车祸呀,你死于抑郁症啊。你作为一个常人,你哪一天是日子好过了呢?我说的这个事实啊,这个不是我在这儿胡说八道啊!你没有患癌症,你没钱啊,你每天为着房租发愁呢,你活着还不如死了好呢。你每天是一分钱挣不着,每天那个债主还在找你讨债,你连下一顿吃的,都不知道在什么地方去找。患了抑郁症了,你那个抑郁症,还不如死掉的好呢。

所以说,你要么是患癌症,要么是患抑郁症,要么是穷鬼,要么就说是一个生活无着的流落街头的人,就哪一种情况,比起那个患癌症更好了呢?所以说癌症,那种患病的状态,他和你健康的状态呀,本质上没有任何区别。只要你不是一个神,你在人世间活着,就是一种痛苦，就是一种惩罚，就是一种折磨，就是你业障的表现。

但是今天，因为有今天这个修行者觉悟的智慧，和慈悲心呈现出来的光明，我为人类留下了一条道路，这条道路就是真神教、圣光宗。我这条道路，不是为了让人们成佛作祖用的，不是为了让你们成神、成仙用的，而是为了让人们直面死亡用的。我只解决一件事情——人类的死亡问题。我有能力解决这个问题，而且我已经开始这么做了。

所以说，从今天开始呢，以后再碰着有患了癌症的人，那些活不下去的人，患了各种疾病痛苦的人，让他们听我今天这堂讲法。当你对于修行者所讲的内容，有了信心之后，在那一瞬间，你的灵魂宇宙当中，就是你灵魂感知当中，就会有神的温暖与光明照进来了，神会陪伴着你。

当你作为一个修行者,开始否定你这具身体,否定你的人格自我,对于人世间的任何渴望了之后,当你对于真神、对于天堂、对于如来,产生无尽的虔诚与崇拜心、虔诚心的时候,就一定一定会有神佛在看护着你、保护着你、净化着你,为你承担着你的灵魂原本承担罪过的……可能大概就说,你就承担了一亿分之一吧,另外一亿份,全部都是被神佛帮你净化了。我说的这个是事实,因为你们今天是与神同在的一个窗口期,错过就没有了。错过的话,你有一亿份,你就还一亿份,一分都不能少还。但是今天跟神在一起的时候,你真的可能就只承担了一亿分之一。

你的虔诚心、崇拜心,越强越深刻,你获得神佛的这种净化、加持、承担力,就会越强,越强盛,越深刻,你自己会体会得到的。最强的体会就是,你灵魂内在的焦虑没有了,恐惧没有了,人格自我在一天比一天变得更单纯、变得更纯洁。你闭上眼睛,你可以看到内心的安详和那种纯净心，透出来的光明。这在你过去当人的时候，看不到的。

你的身体或许会好，或许会死，不会影响你内心的安宁与幸福感。这个就是神在你的身心当中，拓展出来了天堂的空间，知道吗？要是没有神的存在，你吓都让吓死了！你现在还活着呢，实际上已经活在地狱当中了。你们以为地狱在哪儿呢？地狱是你心灵的心识储存的感知境界，那个叫"地狱"。

但是我能让你在患病的时候、绝望的时候、痛苦的时候、恐惧的时候，体会不到痛苦。让神的爱，去取代对自我的维护。对于神佛的信仰，将在你内心的恐慌、恐惧、焦虑当中，拓展出来天堂的光明与安宁，这是神能为你们做的。我的教法就是直面死亡的教法。人世间也只有我——这个修行成就的一个觉者，有这个胆量、有这个能力做这件事情。

把你们的虔诚交给我,把你们的身体交给医院,把灵魂交给祂。

视频　　音频

天堂是光
光里面是不可能容纳灵魂的,光只能容纳光
你的灵魂能够放得下对今生所有的牵挂、执着、爱恋、恐惧
你灵魂的本质就会苏醒过来

光只能容纳光，
灵魂须放下执着

我跟你说啊，今天我叫你来啊，不是过来给你治病的，就说我不是医生，就说我要看看，你灵魂目前的状态。你灵魂目前的状态的话，还是很懵懂，就说是你分不清楚哪个是你自己，哪个不是你自己。这个的话是你下一步要改正的事情，改正的地方。

我简单一点地跟你说吧，阿姨，就是身体啊，对你的这具身体眷恋的，那个不是你自己，就说是你心底里面对你这具身体的感受，对你的这个意识自我的认知，这两个东西现在就是你自己。就是你所说的自己，一定是指你的身体，指你的意识，还有你的感受，是吧？但是这三者不是你的灵魂，就是我救的是灵魂，我救的不是身体。你的灵魂，现在在你的身体里面还是很懵懂，那种懵懂感受是什么？就是你在专注于学法过程当中的时候，你的心底里面有隐隐约约的那种熟悉的感觉、安宁的感觉、很轻松的感觉，那个是你的灵魂感觉。因为法是针对灵魂的，祂不针对人的身体。

你现在的这个灵魂的苏醒的程度还很浅，非常地浅，大概不到十分之一，大概只有十分之零点二三吧。这个程度不够的。这个程度的话，就说是在你临终的时候，我是很难把你接走的。就说是我能够接走的灵魂的话，就是有一个前提条件，就是在你身体死亡的时候，你的灵魂能够认出我来。这就是我让你们学法的一个主要的目的。

我先跟你说几点，你先记住了啊，你先记住。第一，这个宇宙中是有神的存在的。这个宇宙，包括人世间，这个是属于神佛的世界，不是人类的世界，只是你们人类看不到而已。第二个，你的这个身体，他不是你自己，你的身体只是你灵魂的载体。第三个，学法可以唤醒灵魂。

你的灵魂是怎么样的状态可以唤醒来呢？就是你的灵魂在学法的时候，变得很安宁、很放松、很轻松，非常地柔软。这个柔软当中，他会有很清晰的很清醒的一种感知存在，那个就是灵魂，灵魂是一种感知力，他不是思维力。就说是，你在你的身体里面可以感知到你的身体，可以感知到你的意识，可以感知到自我。这个感知，他就肯定不是自我，肯定不是意识，肯定不是身体。就像我看着你的时候，我肯定不是你，看着我的人是你，对不对？

那么也是同样的道理，在你学法的时候，在你的心灵的专注力的背后，会形成那种非常微妙的、安宁的、纯洁的、透明的那种轻松感。那种轻松感，就是你的灵魂。那个地方，你要把他培养出来。那个地方培养出来了之后，然后你配合人世间的治病，就没有问题。

无论他治好治不好，在我来看的话意义都不大，意义都不大，为什么呢？因为我今年51岁，再过几十年我也会死。你今年70多岁，就是再活10年、20年，你还是得死。我要的不是说是你长生不老，我要的是你死后去什么地方。

你看啊，阿姨，就以你目前的这种学法的状态啊，不对。你现在学法的时候这种状态，这种心态，不对。你现在学法的时候，心态充满了恐惧，充满了焦虑，充满了不确定。就好像一个人身上着火了一样，你拿着一个东西去灭火一样，这个不是学法的状态。学法的状态，你要有

一种回家的感觉。就说是我在学法的时候，这个法背后的感受，那是我真正的家。不要恐惧，阿姨，不要恐惧，这个人世间没有人不死的，释迦牟尼佛都要死呢，更何况你和我呢？这具身体不重要的，明白吧？重要的是你灵魂的归属地。你的内在，现在已经太焦虑了，完全没有必要。

当时我是想让你姑娘告诉你，你没有病，我想让她制造一些那个病历也好，就告诉你，你没有病。你现在内在太恐惧了，就是这些病历告诉你的，如果没有人告诉你，你不会恐惧，你知道吗？现在我要解决的第一个事情，是你的恐惧。这个就是为什么我让她一定一定不要让你知道这个事情，就不要让你知道你的这个西医诊断的病情，我救赎你灵魂的把握就可以多增加 80%。

现在我要先面对的是你的恐惧，你知道吗？你一恐惧，你的心就封闭起来了。心一封闭起来，灵魂就要锁住了，就要锁在恐惧背后了,我就没有办法把你的灵魂唤醒了。你的灵魂一旦要是唤醒了之后,假如说你现在不知道,你不知道你患了这个病了,你不知道你是癌症,你不知道你是这个病那个病的名称,你只知道身体不舒服,然后给你做一个诊断报告,你就是感冒了、发烧了,你不会恐惧的。

你不会恐惧的情况下,然后你去学法的时候,你的心灵是敞开的。因为你知道你是安全的。敞开的心灵,跟法背后的神就会有相应。神是绝对的真实和安宁,神是光,祂不是人类,祂没有恐惧的,只有一颗没有恐惧的心,能跟光相融在一起。如果你的灵魂敞开了你的心扉,向光敞开了你的心门,让神的光照进你灵魂深处了之后,你的灵魂深处的那个感知力,他就会跟光融合,那个光就会进到你的身体里面来。

有可能,可能百分之六七十的可能性,你身上的癌症就瞬间消失掉了。但是现在没办法了,你知道吗?现在没有办法了。现在就是你家里的人，他们只相信科学，他们不相信神佛的。我从来没有要求你不治病，你知道吗，我从来没有要求，但是我是希望在你不知情的情况下去治病。

但是现在就是你爱人，包括你儿子，就是我是没有办法去对抗他们的。如果我要用我的方法去治病的话，他们会把我告到公安局去的，说我是邪教，你知道吗？现在就走到这一步，也是命运使然，没有办法了。你看，阿姨，我现在要做的事情，现在首先要把你这个内心的恐惧心要化掉的，现在恐惧的心，既然已经凝聚起来，已经形成境界了，变成你人格的一种堕落了，那么现在我要解决的，不是你灵魂苏醒的问题，而是你内心恐惧的问题。

你看，阿姨，一个修行的人啊，从古代到今天，修行的人都是不怕死的。所有的修行的人都是向死而生的，你知道吗？所有的修行人，无论是莲花生，无论是释迦牟尼，无论是耶稣，都是向死而生的人。

什么叫修行？对人世间这具身体的彻底放弃，对人世间现实生活的彻底放弃，这个叫修行。修行的根本是放弃，而不是获得。现在你就当你这具身体，就是一个已经死去的人了，你就当你的身体是一个已经去世了的人，把这具身体彻底放下来。因为你早晚得抛弃的。不是现在，可能是明年，可能是后年，可能 10 年之后，可能是 20 年之后，你终归有一天会抛弃这具身体。那放不下的所有的执着，在那个时候都会变成你灵魂的痛苦的。

你的痛苦是因为你放不下，你知道吗？如果你要是现在就能放得下，你的灵魂就不会痛苦，神就可以救走他。神的国度比人世间的国度要幸福，要光明，因为祂是光构成的，祂只会容纳光，祂不会容纳恐惧的，知道吧，阿姨？

你现在内心里面只是很恐惧地听着我说话,希望听到一些能够安抚你恐惧的话语。但是很可惜,阿姨,我不是医生,我没有办法安抚你的恐惧。我告诉你一点,我能够拯救你的灵魂,我是神!我有力量把你的灵魂接到天国里面去。但是你要放下你这具身体,你要放下你心底里面所有对人世间舍不得的执着,我只要求这两点。

天堂是光,光里面是不可能容纳灵魂的,光只能容纳光。你的灵魂能够放得下对今生所有的牵挂、执着、爱恋、恐惧,你灵魂的本质就会苏醒过来。那个苏醒过来的本质就是感知,那个感知当中蕴含着见精的清澈,那就是光。现在你学法的时候,就说是把《梦》换掉,不要再播《梦》了,放《引导文》,每天去学《引导文》。

就说是,现在我要在最短的时间之内,把你的灵魂唤醒。唤醒灵魂的话,你这具身体是死是活没有关系的,这个你自己也不会害怕。第二个,在你的灵魂离开身体的时候,你不会有任何痛苦。而且就瞬间弹指间,你会进入到天国世界的,那个地方很美好,比人世间你所知道的一切美好,还要美好。

但是前提条件就是:第一个,不要怕死;第二个,要去把你心中所有你放不下的恩怨情仇啊,把他写下来,一条一条。比如说,"我爱我的女儿""我爱我的老公""谁谁谁欠了我几万块钱""我还欠谁什么钱",把他写下来,只要你想到了,把他记在纸上;记完了之后,然后每天去解决一件事,去宽恕他,去内心里面宽恕他,原谅他。比如说,"我爱我的女儿",把他写下来,然后第二天就对着这一条说:我原谅我爱我女儿的这个心,去原谅他,去宽恕他。直到最终你的内在,没有一个你爱的女儿,没有一个爱女儿的你,有的就是那个原谅、宽恕背后的释怀、安宁,那个地方就是灵魂开始醒过来了。

从今天开始,就是我告诉你的功

课，你要做的啊，心底里面从小到大你能够想起来的心底里面的事情，把他写下来，或者说你用录音录下来——如果你写字不方便的话，录音录下来。让你姑娘给你誊到纸上，然后每天处理一条，怎么处理呢？就是原谅他，无论是你爱的还是你恨的，都去原谅他，然后听法。

然后就说是这样做的目的，是让你的灵魂能够尽快地苏醒过来。你的灵魂苏醒过来了之后，我就有百分之百的把握，把你接到天国里面去。如果说你的灵魂不苏醒，你光是人性表面信我没有用处的，知道吧？到时候你死的时候，你认不出我来的，你身体死亡的时候，你认不出我来。

我在另外空间里面，我在你们人类看不到的这个灵魂世界里面，我是光的存在，我是整个三界六道的皇帝，我是光。所以说，你灵魂必须得要能够认出光来，跟着光走，我才能够把你接到天堂里面去的。如果说你要认不出我来，对于我不熟悉的话，你会跟着你的记忆走的。你会跟着你心底里面放不下那些习气走的。

超度你一个灵魂,我是没有任何的疑虑的
相信我,依赖我,信任我,不要有任何恐惧
我会一路看护你,我会一路地保护你
我是你的救主

救主

我讲法呀,讲法的话,祂是有两种内涵。第一种呢,就是在我这个修行者内在苏醒之后啊,到那种证量很强盛的时候,我要讲法。通过录像、录音,将修行者觉醒的那种状态,将祂如实地记录下来。以这种记录呢,向人类这个空间的生物,展现出神佛的庄严。这个是一种讲法。

那另外一种讲法呢，就说是遇到一些人世间的具体的事情，是一些很大的事，关系到生和死的事，关系到灵魂未来的事，要讲法。就说是，就事论事，对这个具体的事情，如何去处理，以一种什么样的角度去看待这个具体的事情，以一种什么样的心性的标准、心灵的标准，去面对这件事情。就可以在遇到具体事情的时候，因为你心灵的转变，而改变了这件事情的性质，从而结出与人世间的因缘相续所注定的因果，截然相反的、泾渭分明的未来的果报。修行是心灵的修行，修行从来不在形式上面。

你们知道我是如何评价我自己的吗？在人世间，我给我自己是怎么定位的？对于这个肉身的我呀，对于这个长相、这个名字、这个人世间的意识和心意的我，我的定义啊，就是一个——"老流氓"。我对于我的定义就是一个——"老流氓"，这个是一个流氓，而且变老了。

为什么这么说呢？因为我要时刻地警醒我自己：你不是什么好东西。就是因为我看到我自己身上残余的习气，残余人性当中这些贪念、这些杂质，所以我才能够永远地保证我的人格，不会去玷污我内在的那个"祂"。

我对于我的人性这面，看得很紧的。我跟你们讲过，在我整个的人生当中啊，只有一个戒律。什么戒律呢？终生不入人间。就我这一辈子，从我现在开始到我死，我不会进入到人间成为什么教主，成为什么大师，成为什么活佛，成为某一个组织的领袖。永远不见人，永远不收费，永远不接收人们的馈赠，这个就叫"终生不入人间"——就是不跟人接触，不跟这个社会接触。为什么要这样？因为修行到我今天啊，我是经历过很多次死亡的人。

在一个人面临死亡的时候啊，你平常活着的时候，沾沾自喜、引以为傲、夸夸其谈的那些条件、那些资粮，那些社会身份、地位、权力、富贵，那个真的是一点点用处都没有。人在面对死亡的时候，全靠的是你一颗赤裸裸的良心。就是你的良心面对你信仰的时候，有没有躲闪，有没有愧疚，有没有畏惧，有没有隐藏——那个就是你面对死亡时候，你灵魂最真实的写照。

而我的人格啊，我的人性，他是随着这具身体而长成的。他有着依据这具身体，接收到人生的、人世界的价值观，而形成的我的人格的人生观、价值观和道德观，就三观嘛，对吧，他是随着这具身体而来的。那么，随着这具身体而来的，由人类的道德标准和利益价值观，建成的我的人格当中，必定带有人格对于、我对于整个人生的理解和认知，包括渴望。

就说我自认为啊，我是一个品质非常非常优秀的人。都不能谈优秀了，我是一个品质非常非常端正、优越的人。我优越于99%的人，可以这么讲。但是即便如此，在我的心态当中啊，依旧有跟人类去对比的这种潜意识——不受我控制的那种潜在的思虑。

我平常的生活呀,是极致简单的,就非常简单,很节俭。就是说我给我自己的定义,就是个穷鬼。就说我是骨子里面的穷鬼,不是说我是确实没钱。我现在就算是有一千个亿、一万个亿,我也是在二手店里面淘衣服的人,我也是在超市里面买打折过期的食物的人。没有办法,这是穷到骨子里面了,这个是人的习性。

那么,同样的,当我每天为着生活而奔波的时候,当我为了处理人世间的这些生存琐事,而疲于奔命的时候,当我为着人世间的这些——今天出来了这个事,明天出来那些事,都是一些你不得不处理,但是又是一些鸡毛蒜皮小事的时候,经常被搞得焦头烂额。一会儿是这个地方出问题了,一会儿是那个树倒了,一会儿是你隔壁的谁谁谁病了,一会儿就说你这房子漏水了,这种事情对于……因为只有我一个人处理呀,所以我又得

亲力亲为去办这些事情的时候，我内心难免会嘀咕，你知道吧？

嘀咕什么呢？因为我知道我内在住的是谁，我知道我内在觉醒的那个地方是谁。因为我内在住着"祂"，"祂"在我内在不断地觉醒，不断地分解我的思想、意识和体验的时候，我这个人啊，在人世间生活的每一秒钟都非常珍贵。为什么呢？因为我的活着，是为了"祂"的存在而活着。我的活着应该如实地、细致地、系统地、细腻地，将"祂"在这个空间还原的每一个步骤、每一个细节，如实地记录下来。而这种记录，祂关系到人类灵魂未来的生生世世。

所以我说，我活着的每一天、每一分钟、每一秒钟，都很珍贵的，不应该浪费在这些琐事上面。但是又没有人去为我处理，我也请不起那个钱去找帮我处理的这些工人。所以这个时候，我内心就会嘀咕啊。

我说是咱们不讲"祂"了啊,就说因为我在人生前半生,一直在因为仰望"祂"、追随"祂"、崇拜"祂"、朝拜"祂",而苏醒了"祂"在我身心当中的记忆,就这部分记忆,投射在我的意识和我的心灵感知当中,在人世间的今天,在地球上我已经"无敌"了。

就说是咱们环比啊,咱们横向比较,跟我同一时代、同一个时期的这些所谓的"修行者",除了西方那个托利还可以以外,其余的人,尤其是东方这些人,那个他们跟我不具备可比性。他们之间有可比性,可能这个人的智慧多一点,那个人的学识更丰厚一点,这个人的品质更好一点,那个人的禅定功夫更深一点,仅此而已。他们和今天这个修行者,没有可比性,因为我是神。

神是无生的,就祂不在善恶对错当中,祂不在好坏明暗当中。而他们都是相续的,他们是心意、习气、业障和累劫的这种因缘相续,而浮现出来短暂的人世间,呈现出来的这么一个肉体的因果。在相续当中，必定会有善与恶的表现，必定会有功德与业障的表现。他们是在相续当中，尽量地往善的那一面去积累、靠近，从而净化他们恶的一面，业力的这种习气的沾染。所以他们就是要弃恶扬善嘛，对吧？

他们是所谓的修行中的人，而今天的这个修行者呢，这具身体之内这个修行者呢，我已经断开了相续。就说我已经截断了生死洪流的相续，在相续之内，已经有了不生不灭的，那种清澈妙觉的解脱。截断相续，并不是有一个跟相续的因果相对立的永生，不是的，那个是灵性天堂。

我所说的截断相续，是在相续的黑暗当中，觉醒了不被相续所触及的，"水澄月现"的那个"月亮"。就当身心的这潭水啊，很干净的时候，天上的月亮就会在水里面倒映出来。那个倒影是我们可以描述的真理，而那个倒影当中的月亮，本身他并不是真理，真理是不可以言说的。而今天的这个修行者呢，已经切切实实地证到了，那不可以言说的，但是又当下充满的，普照圆觉的慈悲。

那么，我自己是很清楚自己内在的这种证量的，所以说看到我人世间现实的生活的时候，我的人格、我的人性，他就会嘀咕，你知道吧？像我如此伟大的一个生命，我是可以堪用"伟大"这个词的。就说将我与人世间的这些所谓的什么大师呀，教主呀，去比较，那是对于我深刻的侮辱。他们的修行证量，包括他们整个人生的贡献与价值，与这个修行者内在觉醒的证量相比，那他们就真的是虫子了，微生物了。可是，就这么伟大的一个纯光的智慧体，在人世间却要受着人世间现实生活的限制，还要亲力亲为地，做着这些处理垃圾的事情。我内心有的时候，确实挺嘀咕的，你知道吧？

你看看那个谁谁谁，那个号称在国内有百万信徒，现在被抓起来了嘛。他身边就说是常随大概有几十个人，每天的花销，那是花天酒地的，那是挥霍无度的，全国有七八十个寺院，奉他为导师。他绝对不会自己去处理这些垃圾，去修房顶，去铺马路，他肯定自己不会去收拾他的房子，然后去做着一些劳工应该做的事。他们肯定都是高高在上、养尊处优的嘛。难道我还不如他们了？就是把这些活佛、这些大师、这些所谓的教主，让他们来给我做奴隶，让他们给我去清扫垃圾，才是应该的，那是他们生生世世的福报。

还有一个，他们过去皈依的那个邪师。我看到的情况是，那个邪师啊……这个是《楞严经》上明确记载的啊，邪师一个条件，就构成邪师一个条件就是：让追随他的弟子，倾家荡产地供养他。这是邪师一个必备的条件。这个邪师呢，叫什么，名字我就不提了啊，他让追随他的那些富豪啊，一年供养他几千万，然后挥霍无度。最后这个邪师现在怎么样了呢？躺在床上，半身不遂，在经受着这种业力的惩罚，这还算好的了。

这个邪师，他过去是一条鹿，是一个道家仙人的一条鹿。可能说是因为在天道里面待的那时间，获有了一点智慧，一点神通能力，到人世间来害人来了。现在这种恶贯满盈了之后，先是在人世间呈现出来半身不遂、昏迷，然后吃喝拉撒全部都在床上，生活不能自理的这种状态，到最后死的时候，他的灵魂就直堕地狱。

你们想一想，我是能够看到灵魂实相的人。但是在我受到了这种人世间现实生活制约，疲于奔命、焦头烂额的时候，我都忍不住会动我的心思：我应该过得比这些"大师"要好啊。就说咱们不多说啊，我最起码不应该过着这种捉襟见肘的生活，不应该过着这种就说自己要去处理人世间的这些杂务——自己要去剪草，自己要去洗车，自己要去修这个、修那个、修房顶，哪个地方电线短路了之后，我还要去为了省那点钱，还要冒着天大的风险去通电！这种事情不应该是我干的事，我是一个很珍贵的生命。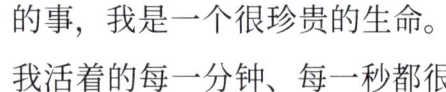
我活着的每一分钟、每一秒都很

珍贵，我不应该去做这种事。

这种念头你们觉得不正常吗？就好像是一个万亿富豪，为了垃圾桶里面半个窝头，而在那儿挣扎的这种生活，你们觉得应该吗？你们觉得我心思里面这种嘀咕，应该是符合常情的吧，对吧？

在我身边应该有那么一两个照顾我生活的人，去帮我处理这些人生琐事，可以让我安安静静地、心无旁骛地，沉浸在那种禅定的、甚深的、微妙的妙乐觉受的境界当中。将神佛的真相，如实地传递到人间来，给人类的灵魂，留一条出路，这才是我应该干的事。就说是我不可能像那些邪师一样，贪得无厌、挥霍无度，我也不可能让任何一个追随我的人倾家荡产，这个绝无可能的。这点要求不过分吧？可是这点要求，就这点小心思，对于我，对于今天的这个修行者，叫"灭顶之灾"。

你们想过没有,我为什么给自己的这个"自我"的定义,叫"老流氓"呢?不是说我是个好人,而是我是一个流氓成性的人,现在变老了而已。为什么要这么说?因为我如果一旦跟人接触,以我的证量,以我的品质,以我的品行,以我的道德,以我的智慧,以我的神通,以我展现出来无穷无尽的神迹,我一定会成为人们心目当中的教主。我一定会被别人对于我的崇拜、追随、景仰,把我的人格塑造成为一个维护伟光正形象的伪君子。那我就不能随随便便地告诉别人我是个流氓了。

我告诉别人我是个流氓,这个是实相,这个不是我谦虚,你知道吗?可是如果我失去了,告诉别人我是个流氓的这个权利了之后,我就会变成魔鬼。魔鬼的根本的含义,叫"隐藏"——隐藏就是魔鬼。我为了照顾追随我的这些人心目当中的,那个佛的形象,那个大菩萨的形象,那个教主的形象,那个伟光正的、无所不能的救主的形象,我就不能再自我批判了,我就不能再告诉别人我错在什么地方,欠缺在什么地方了。

那么，当我不敢把错误示现于众的时候，那个"不敢"，那个隐藏的心，就会成为我人格诞生的一个新的基础。那个基础叫"阴间"，未来成就的，一定是鬼魂。而今天你看了，我虽然生活得确实是……

我有的时候，我也觉得挺可笑的。就像我这么一个可以给全世界的修行者当导师的人，可以给全世界的这些活佛、主持们灌顶的人，但是却自己要去处理这些院子里面的垃圾呀，去修个房顶呀，去通个下水道啊，确实是在干这个事情的时候，我也觉得挺荒唐的，你知道吧？我也觉得挺荒谬，但是呢，我自己内心呢，又心甘情愿，为什么呢？自由。

我用我自己一个人的这种节俭的贫寒的生活，换来了我灵魂的自由——我不会被人类所绑架。不被人类所绑架的我，就可以看到我内心真实的意图。我不会为着你们认为我的慈悲而慈悲。我不会认为，你们认为我应该伟光正，而我才伟光正的。我内在真实的那个纯洁，那是真正的伟光正；我内心真实的忏悔，那是真正的神灵；我内心真实见到我的人格，并且不留任何余地地曝光、批判、分解他，那是我真实的信仰。

因为我真实，所以人格的隐藏，他就不是我。正因为人格的隐藏不是我，我认出他来了，我就不可能被任何人对于我的恭维、崇拜、景仰的这种语言和心态所绑架。你们爱怎么想怎么想，那个是你们想象中的我，和真实的我，没有任何关系的。

真实的我呀，有两个。一个是修行中的，见到人格并且不留余地剔除人格的信仰。第一个我，是人世间的信仰，那是我自己。第二个我呢，那个就是解脱了"我相、人相、众生相、寿者相"的，那个根本悲能的巍峨与庄严。

我只有这两个我。第三个我，就是人格，现在跟你们说话的这个人性的我，那个是个老流氓。就说我是深刻地认为我自己是个老流氓的。老流氓理所应当不要进入人间——第一个，你会害了别人；第二个，你会害了你自己。

我为什么对于我自己的要求，如此严苛呢？因为我知道死亡的可怕。我今年已经51岁了，留给我的时间不多了，你知道吧？剩下40多年、50多年，如果说是我要有一丝一毫踏偏踏错，那个后果是不堪设想的。

你们不一样的，除了我以外的任何修行者都不一样。因为我现在，已经在那个地方了，已经具有了解脱"我相、人相、众生相"的那种慈悲心、慈悲性、慈悲的气息了。这个地方踏错一步，差错一念，有那么一丝一毫的偏差……

因为祂本身是无生的，你知道吗？甚至于祂超越了觉性，就是觉性的那种普照，在慈悲性里面，祂是属于"第二月"，祂是虚幻的。而这个地方你证到了，祂是没有言说、没有语言的，甚至于是从普照智慧和慈悲的这种圆融表现当中解脱了的那种实相。这个地方没有语言，但是作为修行者的话，我只有不断地分解我自己，才可能去还原"祂"的究竟。

也就是说在分解我，构成我因缘的这个洪流的相续过程当中，我要是踏错一步，维护了我自己，撒了谎，有一念的隐藏，这一念隐藏，就会在那个地方，造成我生生世世、永永远远所看不到的一个屏障，你就永远回不去了。那是非常非常可怕的事。

我是真正地放弃了我自己一生的人，我是真实地放弃了。这里面有一个原因。因为在我很小的时候，大概我六七岁的时候，那时候就说人开始有意识，但是思维还没有形成完全完整的这种逻辑思维的时候……逻辑思维的根本在于记忆，而记忆的根本在于体验。就是你对某一个场景，有深刻的体验，这个体验形成了这种概念，在你的大脑当中储存着，跟另外的概念相续起来，对这种体验进行了完善、构建、拓展，他就会变成你的逻辑思维。

我看到这个啤酒，我知道它是什么样的味道，知道它是几度的，知道它是什么产地，知道我喝到我肚子里面去，我的身体会起什么样的反应。有这种体验的储存之后，你的大脑当中见到，就是你的眼睛见到啤酒的瞬间，你的大脑当中，才会浮现出啤酒的概念，以及跟啤酒连带着的一切的信息。你的逻辑思维就是这么来的，知道吧？逻辑思维的概念不是凭空来的，他一定是跟着你的心灵体验的凝固、拓展、成形，而形成了对于凝固、拓展、成形的体验的，抽象概念的提炼——那个叫逻辑思维。

而在大概我五六岁的时候，那时候开始有记忆，但是逻辑思维没有形成之前呢，在我身心当中，就是有一个很久远很久远的声音。好像是"祂"醒过来那一瞬间，就给人感觉，好像是在我的身心，在我心灵背后，很深很深的一个地方，突然间亮了一下。

在"祂"亮了那一瞬间，我整个的心灵和我的意识，就处在一种停顿的状态。他不是昏迷，他是停顿了，就像是玻璃上的一个泥巴一样，就停在玻璃上了，不动了。而玻璃背后的这个光，祂在闪烁那一瞬间，好像整个宇宙，整个横跨了过去未来亘古苍穹的整个的宇宙，苏醒过来了。就是宇宙苏醒了他原始的生命。但是在苏醒了原始生命的那个地方，那个原始的亘古的生命，以一种极尽悠远、极尽苍老的声音告诉我：你是个很伟大的生命，在人世间你要完成一件事。

然后这个声音大概第一次出现是在我5岁吧？因为那个时候我还没有上学嘛。我记得很清楚，我还没有上学，大概是在幼儿园的中班吧。那时候我上幼儿园，天天地被老师罚站。天天惩罚我，所以我记得很清楚，你知道吧？

但是在苏醒了原始生命的那个地方
那个原始的亘古的生命
以一种极尽悠远、极尽苍老的声音告诉我
你是个很伟大的生命，在人世间你要完成一件事

然后又一次呢，大概是……基本上每年会出现一次，7岁一次，8岁一次，9岁一次。然后到了我10岁的时候，出了一次事故。对，10岁那一年出了两次事故。因为说我是我父母的独子，他们平常对于我，就是太爱护了，干什么事都看着我。所以那小孩嘛，10岁的时候，那个孩子，他也不知道天高地厚的，然后我就跟着我的同班同学……当时兰州有一个公园，那时候刚刚在动工挖地基呢。我家离那个地方，坐车的话，大概五六站吧，就自己可以走过去的。然后我就跟3个朋友——小朋友，同学嘛，也是我们一个大院的朋友，一块去玩。

结果没想到呢，他们那个看上去很浅的，就岸边的那个沙坑啊，它里面实际上是，已经挖了大概有三四米那么深了，但看上去很浅。然后我就掉进去了。掉进去了之后呢，因为我不会游泳啊，然后就一下没顶了。后来好像是，我那些朋友把我就拉上来了。因为可能掉下去的时候，他好像是在岸边嘛，虽然没顶之后，他们还是能够着我的。那是我一次死亡，就真正的，就是把我拉上来的时候，我是昏迷的。

然后在我从昏迷，在那种深深的昏迷当中，转醒的那一瞬间，又是那个地方——就是在心灵背后很深很深的黑暗当中，突然间亮了一下。就是那种很深邃的迷茫和黑暗当中，看上去像实体什么都没有的黑暗当中，那个黑暗的尽头，突然间泛起了光，而那个光本身是具有意识的。那个光呢，本身是一种浑厚的、亘古的、原始的、纯粹的生命。祂告诉我：你不能死，有一件事情你还没完成。这是第二次。

第三次，还是在我 10 岁的秋天。这一次事情，我记得太清楚了。我跟我的小伙伴，他比我大 1 岁，那我们是从小玩大的朋友。那个就是从四五岁开始吧，就在一起，流着鼻涕在一起玩。就后来呢，当时是，有一个空地上面，盖了一栋宿舍楼，给新的员工。那个宿舍楼不高，就是五层，就五层楼，不高。

然后他说是，晚上吃完饭了之后，他带我去冒险，然后我们就爬那个，它那个楼，主体已经竣工了，它里面没有装修嘛，都是那个钢筋呀。钢筋在外面裸露着，然后就是一些砖头在那儿放着。然后我们就爬到房顶。当时盖楼的时候都是脚手架，都是那种木制的脚手架。木头的，不是现在的这种钢管的，是木头的那种脚手架。

然后他带我爬到，从四楼……五楼不是还没封顶嘛，它那个脚手架搭到四楼了。我们上到五楼的平台，然后从那个脚手架上，就四层高那个脚手架上往下爬。因为他很冒险啊，你敢从五楼的、四层楼高的脚手架上往下爬，就证明你很有胆量啊，就证明你是一个非常勇敢的少年嘛。然后我就跟着他往下爬。

爬到第三层楼的时候，他看到下面有个沙子堆呀，就是那个建筑用的沙堆嘛，然后他就跳下去了。三层楼高，10米左右吧，那么高，他跳下去。然后他招呼我：跳下来，跳下来。

他说：没事，这个跳下来，咱们去玩别的。当时我就说是鼓了鼓勇气，然后我也就跳下去。但是我跳的方位很不巧，那个沙堆上面有一根横木，就是有一个枕木啊，正好在沙堆那个地方。

我跳下去的时候，胸口正好撞到那根梁上了。当时人就昏死过去了，那次是真正地昏死过去了。大概过了好久好久，我才醒过来了。他给我掐人中呢，然后把我掐醒了。他说：啊呀，你终于活过来了，是我抢救了你噢。这是我第二次死亡。

在我醒过来那一瞬间，又听到了那个声音，那个声音这一次更清楚了。不是"祂"在告诉醒来的我，而是我内在，而是在那个孩子的内在，是"我"，是真实的我，在给那个孩子说：有件事你没有完成，你不能死。

你们能感受到，过去是那个孩子的我，听到了一个原始的声音，远古的声音。而这一次的，是死亡的时候——

因为我比较大了，而是那个声音，变成了真正的我，在给我刚苏醒的这个孩子的意识说：你不能死，有件事情你没有完成。这是第三次。

再之后就很久很久，我再没有见过"祂"了。因为那时候慢慢就长大了嘛，那时候学习功课重了，开始动用人的意识了，开始动用人的注意力、记忆力，你的心灵的这种专注力，要解决现实现象的时候，"祂"就很久很久，我再没有见过了。

直到我 15 岁那一年。15 岁那一年，当时我是在部队上面。我是因为我上了初二嘛，我初中没有毕业。要真正地论学识文凭的话，我应该是小学毕业生。我初中没有毕业，因为我没上到初三嘛，我是初二的上半学期去当兵嘛。我是在部队里面，在新兵营过的我 16 岁的生日。

我在我 16 岁的那一年呢，我又见过了"祂"一次。就那段时间的话，因为训练太辛苦啊，新兵营的训练非常辛苦的，而且我待的那个地方环境很恶劣，在戈壁滩上。就是我亲眼见过一辆二八的加重自行车，被那个风抬起来的，直接抬起来，大概抬起来大概有1尺，然后刮到1米之外去了，刮到1米还是2米之外。当时把我都看惊呆了，你知道吧？还有这种事！能把一个二八的加重自行车，直接刮起来，那个风直接把它抬起来，抬到1尺高，然后刮出2米远。那个拳头大的鹅卵石，就满地跑啊，就那样的。

就那种情况下，我在那个戈壁滩上站军姿的时候，操练队形的时候，我都是乐得心里面乐开花了，为什么呢？终于不用做作业了，天哪！我终于不用再考试了！我在整个的初一、初二，那对于我整个的人生那是最大的折磨呀。我考试的时候，我永远都是第一个交卷的，我名字一签，我就走了。从我的书籍发下来那一天开始，到我后来整个一个学期，我那个书，一页都没有翻过的。

为什么？就说我的心和意，是拒绝接受人世间的这种概念的。我不知道为什么，但是人世间没有人支持我的。那么老师不支持，同学那就更不支持了，那父母那就更不支持了。那所有的人都认为我是一个纨绔子弟：就是因为仗着你爸你妈的权势，所以你不好好学习。不是的，真的不是的，我是很想好好学习的！最起码好好学习了之后，我喜欢的那些女孩子，可以多看我一眼吧。谁会去看一个差生呢。可是没有办法，不是我不聪明，我智商很高的，而是我的心很拒绝，但是我不知道为什么拒绝，你知道吧？

后来15岁的时候，就说那次是有一次，因为什么事，好像是……对了，后来那个新兵连结束了之后，然后我就被调回省军区了嘛。调回省军区，在那个当时的省军区的电教室，去搞摄像。当时整个甘肃省的摄像机，只有27台。我们省军区电教室有4台，还给我分了1台。那这个差异，就是天差地别，就说是差距太大了，你知道吗？

前一天我还在戈壁滩上站军姿呢，还被那些老兵虐待呢，还每天跑 5 公里，跑得吐血呢。后一天呢，我就已经在省军区，在那些……因为我的那个办公室对面就是，办公室对面大概再隔两个，就是政委的办公室嘛，司令员的办公室，就相当于一步登天了，在部队里面，相当于一步登天了。

就当时这种巨大的差距呀，让我的心很不适应，你知道吗？在我很不适应的状态下，然后那个地方又醒来了一下。就很有意思，当我觉察到人世间的这种现象，已经超出了我的接受和理解能力的时候，那面就会醒过来，"祂"用"祂"的角度，去看这个事情。

我跟你们举个例子啊。这个是个卫生纸，你看到的是卫生纸，接触到的是卫生纸，体验到的也是卫生纸，对吧？这个叫"相续"，从你认识、体验、感知、理解它，它是个相续的过程。从此之后，这个卫生纸，这个形态、这个质量，它就只能叫"卫生纸"，明白了吗?

现在突然间,我拿的这个卫生纸呀,突然间、瞬间变成有生命的了。它是个活的卫生纸,或者它瞬间变成一个金子做的卫生纸。它已经超出了,我的身心相续所理解到的原始的境界的时候,那么在境界背后,认知境界的那个地方,他就会产生错觉。他会认为自己认知错误了,明白吧?这个我拿的不是卫生纸吧,我要重新认识一下。对了,就这种东西,就这种状态。

当时我自己因为通过巨大的这种落差,我实在是不知道怎么解释这件事情的时候,然后我内在那个最原始的,超出了我的意识和身体感知,超出了我的心灵认知和自我体验的那个地方,又苏醒了一下,把我整个从当兵到今天的这几个月的过程,重新复盘了一下。

复盘,他复盘的一定是空间嘛,对吧?从我当兵穿上军装那一刻

开始，到我调入省军区，坐在沙发上那一刻开始，"祂"把整个空间复原了一下。在复原那个空间的过程的时候，我看到了我整个的一生，你知道吗？我看到了我整个的人生。我看到我 27 岁的时候，会坐一次牢。我看到我 37 岁，我会遇到一个改变我整个人生未来的人，一个生命吧。

然后我看到我的生命，我的寿数，在我 50 岁之前，48 岁、49 岁的时候，会有一次转折。那次转折要是转折错了，就说是如果我的心，还是个人类的话，我就死掉，这具身体就死了，人世间就不会再有这个我了。但是如果那次转折，如果转折的是向光的那一面，而不是向人世间的这一面，那么，我的生命可以活很长时间。可能第一步的生命，可以能达到 96 岁；第二步，可能还会延续 10 年，到了 106 岁。

然后我在看到，我在复盘当兵的这几个月的空间的时候，我看到了自己整个人生的时候，我看到了一个未来，看到我人生整个的未来。我看到我人生，在未来，在我大概 56 岁之后。对，48 岁不是有一次灾难嘛，就要么死，要么就说是走向了光。

在走向光的那个过程当中，到了 56 岁之后，我整个的人生啊，就全部地融入了光。就在未来的，在人世间留下的，从 56 岁开始到 96 岁，到 106 岁的这个时空当中，是完全没有人类的痕迹的，完全是光构成的世界。而那个世界里面，是一尊佛的形象，是一个佛坐在世界的中央。一尊佛坐在世界的中央，而佛身上的光，呈现出来整个的宇宙，这是当时是我 16 岁的时候看到的。

然后我 23 岁的时候呢，学了邪教。当时我还觉得：哎哟，预言挺准的，你看，我 23 岁的时候，遇到一个大我 23 岁的人。这个是我 16 岁的时候知道的：23 岁的时候，会碰到一个大你 23 岁的人。

当时我妈给我介绍的时候呢，当时因为我妈，她是长期身体不好嘛。她在给我推荐这个东西的时候，因为她知道我从小有神通啊。我那时候，已经跟着欧阳开始学道了。但是欧阳他只是……

欧阳他是我过去世的弟子，到这一世来，负责来传递给我一些，我过去教给他的话而已。就说我过去告诉他，今生，就说是当时的我，降生到这一世了之后，他必须要问我几个问题，告诉几个话，从而来唤醒我内在的一些记忆吧。

他本身的证量也不高的。就是你们人类认为的"神仙"，你们人类认为的"神灵"，在觉者眼中啊，那个跟你们没有任何区别的，都是虫子。当然他们的年龄比你们活得长了，大概活个几百岁、上千岁，他们可以进入另外的时空，他们可以获得一定程度的自由，仅此而已。本质、性质，他们也是在相续当中——相续就是鬼。

然后呢，后来为了那个……学了邪教之后，后来邪教，它不是被政府镇压了吗？这个是我对于政府最感恩的一件事。最感恩的一件事，就是他们对轮法的镇压——这是我最感恩的事情。这个是真正的邪教。

邪教，它的基点啊，有两个。一个是"我"，你的自我是你修行的主体。"真善忍"嘛，什么东西来承载"真善忍"呢？你一定是你的心灵认知，一定是你有自我，才能够去承载"真善忍"。第一个是自我，第二个是获得。就是你这个自我修好了，你的心性多高、功多高，你将来可以成佛作祖。因为有一个获得，必定有一个获得的我，这个叫"轮回"。它跟解脱法没有任何关系的。

第三个就是政治野心。它把佛呀，它把释迦牟尼佛说的那种当下圆满、不生不灭的解脱法，塑造成为了有形有相的一种获得法。就是"如来是最低层次的佛，如来是佛的最低层次，就相当于一个虫子的那个等级，那超出于如来几万倍，还有更高的佛呢"——它把佛划分为层次。这个是在《楞严经》里面明确描述的：言佛有大小，佛有高低，有男佛女佛，这个就是属于魔，你知道吗？地狱的鬼王出世，跟随它的弟子在活着的时候，必定会受到"王难"——就是政府镇压，耗尽家财，死了之后，灵魂直堕无间地狱。

这个就是今天我给你们讲这个，我只是在讲我自己整个的修行过程了，给你们顺便带一句而已，我今天不是主要去讲这个邪教的问题。但是邪教是一个特别特别可怕的东西。我今天顺便讲到这儿了，我再给你们说一句啊：我是所有学邪教的，学过轮法人的"救主"。

我当时后来，我是在看到那个邪教里面越来越不对劲的时候，他们开始有政治企图的时候，我就知道这个已经开始不对了。然后后来，有一次是我在禅定当中，还是那个地方，告诉我一句话：23岁的时候，你会遇到一个大你23岁的人；23年之后，你将要会取代这个人，去救赎被他误导的生命。这句话我听得非常清楚。当时我还是沉迷在邪教里面,还奉他为"师父"呢,但是我听到了这么一句话。

然后在我 27 岁的时候,他不是要上访吗?要那个,要"讲真相",对对对,"讲真相"。要"救人",要"讲真相","快快讲,不讲的话,这些人都死掉了;不讲的话,法正乾坤的时候,没有任何人能留下来了!"就是连恐吓,带威胁、带诅咒。

当时的我呢,又是正年轻嘛,27 岁的一个年轻人。那时候我的生活又好,在电视台当编辑。父母的话,那时还都在位置上面,家境优越。自己的身份地位也挺……叫怎么说呢,叫挺体面的吧。但是当时要去维护他嘛,他是宇宙的主嘛,他要救人嘛,你要是不站出来为他说话的话,你就变成鬼了嘛。就说是被洗脑了,你知道吗?被洗脑了。

然后当时我就去"讲真相",去

北京啊，然后去各地方"讲真相"，后来不就被抓了嘛；抓了之后，然后就是被关到了看守所。我记得很清楚的，现在那儿发生过的每一天，我都记得很清楚。那个是人生当中真正的噩梦。

我今天给你们讲这些东西的话，我都是尽量如实地讲。因为我一会儿要告诉你们，我为什么要给你们讲这个东西。我从一个公子哥，瞬间变成了一个阶下囚。20多个犯人，挤在一个10平方的小……最多最多12个平方，大概就10平方，而且绝大部分都是被床占了。就是20个犯人只能挤在一个小小的走廊里面，那个就是人贴人的。就是你晚上睡觉的时候，你要是想出来上个厕所，出去了之后，你就挤不进去了。那个都是立着睡的——就是肩膀朝下那么躺着睡的。

你想我那么一个从小养尊处优的人，我在那里面是，我是3月2号，那年我正好是27岁——我16岁的时候知道，我27岁的3月初会坐牢——我是3月2号送进监狱的。那这个你咋说呢？我在16岁之前，就能知道我10年之后要发生的事，而且连日期一天都不错的，你咋说呢？我怎么知道的？为什么连日期，连我坐牢的时间，进监狱那一天日期都是定好的呢？

然后我在里面，大概待了3个月，当时我的人身体就整个垮掉了。因为那里面的这个……你不要以为那个看守所什么都不干的，看守所的工作量非常大的，很辛苦的。你想我在那里面，熬了大概3个月，我的身体就彻底垮掉了，就彻底不行了。就是人透支了，人的心力透支了，身体的力量也透支掉了。

那天早上我们，就是他每天早上犯人要点名嘛，那是6月12号。因为队长进来点名的时候呢，我突然，当时我们都是蹲在号子里的那个有一个放风的空间，上面是铁丝网，下面是一个空地嘛，就跟阳台一样。我们蹲在那个空地上，我是在第三排，就在第三排那个地方在那蹲着。在那一瞬间，我整个人休克掉了。

就说我整个人啊，我的思维、我的眼睛、我的嘴巴、我的整个身体，处于一种休克状态，就是停止了，休克了。而我内在呢，有个地方醒过来了。在那一刻，这个是我整个人生的转折，整个生命的转折。就包括今天说起来，我也想告诉你们，那是我整个修行的开始。

在我整个人休克那一瞬间，我从这个身体当中解脱出来了，我从时间与空间当中解脱出来了，我从整个的相续的境界当中解脱出来了。你们会有个概念——解脱一定是有个解脱的本体，是吧？就像我从这件衣服里面解脱出来了，我还是我，只不过衣服不再是我了嘛，对吧？你们是这种概念吧？

可是，在我，在那一刻休克的时候，我所说的"解脱"，是一切的存在，全部都休克了。时间停止了，空间分解了，自我处于一种停摆的休克状态，而苏醒过来的那个我，是慈悲。只有慈悲是我，只有慈悲是我。而完全没有我存在的任何痕迹的，那个就是从来没有改变过，也从来没有离开过的慈悲。这第一条，慈悲，只有慈悲是我，真正的慈悲是我——没有我的存在，只有慈悲。

慈悲是离开了"我相、人相、众生相、寿者相"的，究竟、圆满、庄严、当下的接纳。那是一种无所不包，无所遗漏，渗透一切，又周遍万有的，一切一切生命的性质、基础和源头。这是第一条，慈悲。无生无灭，亘古永恒，脱离了众生相的，包含了过去未来，渗透在一切分别心当中，不被分别所割裂的圆满，那个叫"慈悲"。这是第一条。

第二条，是慈悲的气息，聚合了众生的业，构成了整个的宇宙天体。当时在那一刻，在我解脱了人格、解脱了时间、解脱了空间存在那一刻，整个宇宙是在慈悲内完整复苏的，是整个的宇宙体系。在我的这个肚脐眼以下，肚脐以下，才有了物质性的宇宙。就是你们人类可以认识到的星辰、星云、天体、银河系、太阳系、星球，那个是无穷无尽，如恒河沙数一般的宇宙体系，构成的浩渺苍穹，在我肚脐以下。在我肚脐以上，到胸口这个位置，是法界的那种……

我现在只能给你们描述景象，但是实际上那个不是景象，那个是纯粹智慧呈现出来妙乐庄严祥和的威德，而呈现出来的华藏世界。那叫"华藏世界"，那是神的世界。那个世界里面，随便一个老百姓，就大街上的无业游民，放到人世间，那要比三界内的皇帝，还要尊贵无限倍的。祂们是神，但是祂们在华藏世界里面，只是个老百姓而已。

在肚脐和我的……在我咽喉到肚脐的这段中间，就在我胸口和腹部这段之间，是华藏世界。那里面……唉呀，我不能跟你们详细地描述，因为一描述就不是祂了。祂不是景象，祂不是境界，祂是一种气息。那个是一种极尽祥和、妙乐、庄严、神圣、纯洁，而充满威德的，一种纯光构成的宇宙。

那个宇宙的微妙在哪里呢？那个宇宙的微妙就说是，华藏世界当中的任何一个世界当中，里面的一粒灰尘，却同时蕴含着整体华藏世界的全貌。不可思议吧？芥子纳须弥，须弥藏芥子。那里面随便一个，任何一个华藏世界里面的，随便一个老百姓，放到这个肚脐眼以下的这种器世间，这种物质世间来的话，那个就是可以改天换地的造物主。

那个祂们都超出了神的范围了，祂们可以创造宇宙的。但是祂们在华藏世界里面，就是一个普通老百姓，就是无业游民，摆地摊的。每天没事干了之后，到哪一个神仙的国土去，国度里边去，蹭杯茶喝。就这样的生命，祂们还不是"主"。

在华藏世界里面，就在肚脐眼以上到我咽喉这个地方，呈现出来这种华藏世界里面，祂是有王的。每一层天体里面，祂会有一个独立的宇宙、国土，而那个宇宙国土里面，是有祂的主宰的——就那里面的皇帝。

而祂那个独立的宇宙空间里面，祂又分不同层次的宇宙。在不同层次的宇宙里面，祂又分了不同局部的这种国土，里面都是有祂们的主宰的，都有祂们的王的。而祂们那个主宰的，不论祂那个世界里面的大小，祂只是……只是因为众生的威德和灵魂，就灵性的纯净程度不同，而呈现出来了世界范围的不同。但是祂是由两样构成的啊。一个是你的威德，就是你的功德力；一个就是你的灵魂的纯洁力。灵魂越纯净的，祂的境界范围越高，祂越是无相的；越是无相的，祂的整个宇宙范围越广大，你知道吧？

这就是我为什么要求人们去弘法的原因。弘法真的是为了你们自己，不是为了我。我不需要你们做任何事情的。只是为了你们自己的灵魂的未来，做一个好的铺垫。我说一句粗俗的话吧,就是把你们人世间的这点福报,转化成为天堂的福报,就好像是把人民币兑换成美金,是一个道理。那个东西将来你们都会用得着的。

然后在咽喉以上,在头部,那个是佛的世界——佛界,就不是法界了,佛界。你想我当年27岁,我今年51岁,过了24年了,那一刻发生的事情,我还是历历在目的,好像前一分钟发生的,为什么呢?因为他不是这个空间发生的,他是在那个空间发生的。祂是解脱了一切空间的究竟、原始的状态。

而我现在,今天的我已经越来越接近那个地方了。或者说那个地方,已经越来越渗透在人世间的,这个我的身心灵、身语意的,每一个细胞、每一个细念、每一个体验当中了。现在我越来越融入"祂"了,所以现在不用我这个人死去,我就可以见到"祂"了。因为现在活着的这个人,在"祂"之中,已经越来越淡化了;"祂"在活着的这个人当中,越来越具体了。

所以说，我就能够跟你们仔细地描述 24 年前，27 岁的那个我，在 6 月 12 号的清晨，6 点 50 的时候，在那一刻发生的事。

在咽喉以上，到头顶，是佛界，那个是佛的世界。我现在大概能隐隐约约记起来的，就是，大智慧。大智慧，我看遥远的宇宙的尽头，和看我眼前的一个华藏世界的，一个里面众生的眉毛当中的一根眉发，是同样的清晰。我看遥远的星系尽头的那一粒沙中的一个细菌的思想，和看我近在眼前的一个神的威德，是一样的具体——大智慧。

我看过去无限无限劫发生的每一秒当中，每一刹那当中，整个宇宙发生过的一切，就好像我此时此刻看待十法界一切众生起心动念，历历在目一切的，一样的圆满、清晰、无漏、遍照——大智慧。就说第一个反应是，大智慧。第二个反应是，无所不知、无所不在、无所不能，就是大智慧的那种普照性。

第三个是，普照过去未来，遍观过去未来，随顺过去未来，而实际上并没有过去未来。普照十方三世，普照上下左右十方，实际上并没有上下左右十方。那个并没有上下左右十方，并没有过去未来时间的那个普照，那个才是我。

就是一切的一切，那种大智慧的本体，是慈悲心的表现，是慈悲看到了慈悲的自己，"祂"浮现出来了古往今来，三界六道、法界、佛界——一切宇宙体系。一切的宇宙体系，最终是慈悲的表现。而慈悲表现出来的，就是普照十方、开创一切的圆觉智慧，那就是法界。而法界本身，对于慈悲来说，那个叫"第二月"。祂是虚幻的，叫"觉明为咎"。而"慈悲"呢，因为本身没有一个慈悲的主体，没有一个慈悲的客体，"祂"解脱了我相、人相、众生相、寿者相，所以说"祂"是究竟实相。"祂"在一切生灭幻相当中，如如不动，无来无去，寂静涅槃。

正好，我给你们念段话啊——莲花生大士告藏王太妃之言，《莲花生大士应化因缘经》："尔时藏王太妃，礼请大士开示即身取证简要之法。大士告太妃言：'因果业报，须信非虚。生死事大，无常迅速，应求解脱。先寻择金刚喇嘛，作为依止。虔诵四皈依，誓心不退。发大菩提心，广度有情。严持净戒，以立根基。常观十二因缘，明生死本。次习禅定，内观自心，本来清净。修深般若波罗蜜，了知诸法，犹如梦幻。心不执着，身随所安。妄念起时，勿随勿制。缘境违顺，尘影好丑，不起爱憎。惟常觉照，而忘觉照。佛心自心，本自如如。我见破尽。心一境性，即是成佛。'大士教法循循善诱，简明易入，随众生根，普门摄受。无论业障轻重，宿缘浅深，遇斯教者，必定成佛。"

这是莲花生大士的，曾经讲过的一段经文。我看了之后，我今天为什么要给你们念呢？一句话就证明莲花生，是证入十地菩萨的佛，你知道吗？"佛心自心，本自如如"，"如如"是什么意思？"如如"就是不可说的意思。祂是究竟实相，如如圆满，却不被言说，不被触及，不被思维，不被理解，在一切思维言说当中，无生无灭，这个叫"如如"，祂是"不可说"的意思。"不可说"却是，祂不是什么都没有啊，祂是在一切之中，不被一切所有而存在的实有，叫"如如"。

"佛心"就是我刚才说那个慈悲心啊，那个慈悲的气息。"自心"，"自心"就是觉性。因为有一个觉性，而有一个法界，这个就叫"觉"与"所觉"，你知道吗？这已经是"第二月"了。"佛心"——慈悲心，"自心"——觉性，"本自如如"——本来都是空性的，本来都是不可说的，都是不可获得的，都是不可失去的，都是不可分别的，都是不可挂碍的。

"我见破尽"——就是"我"，"自我"的"我"，"见地"的"见"，"破"，"破除"的"破"，"尽绝"的"尽"。"我见破尽。心一境性，即是成佛。"什么叫"我见破尽"呢？就说是，极尽细腻的刹那的分别，那个脱离了我相、人相、众生相，但是祂依旧没有脱离寿者相的那个终极意识，就叫"我见"。因为有一个独立的主观能动性，那个能动性就叫"我见"。

祂虽然是极致被动的，但是祂有一个对于所存在的境界的被动的分别，那个分别叫"我见"。"我见破尽"，"心"就是你的这个感知啊，你的觉知，包括你的觉性，"心"和你本初的这个慈悲的气息，是"一"，是同等境界的性质，"即是成佛"。

这段话讲的就是悲能的那个境界，知道吗？但是我说实在话啊，莲花生大士，"佛心自心，本自如如。我见破尽。心一境性，即是成佛"，这些话你从义理上来说，从内涵上来说，从体验上来说啊，都是一个成佛的人在那儿讲。因为十地菩萨就是佛，你知道吗？

但是，毕竟我也是啊！毕竟我也是，而且我是那个悲能。我现在

是在八地菩萨的第……我快到第七层了,我是八地菩萨的第六层,到悲能之间的这个体系当中循环了。所以莲花生大士的这几句话——"佛心自心,本自如如。我见破尽。心一境性,即是成佛",这几句话,性质对不对?对。内涵对不对?对。品质对不对?对。气息对不对?对。但是祂还差一点。

这就是我说莲花生大士跟观世音的区别,你知道吧?这两个都是十地菩萨,都是,都是佛。但是你瞧瞧人家观自在菩萨的那个——"观自在菩萨,行深般若波罗蜜多时,照见五蕴皆空,度一切苦厄。舍利子,色不异空,空不异色,色即是空,空即是色,受想行识亦复如是。舍利子,是诸法空相,不生不灭,不垢不净,不增不减,是故空中无色,无受想行识,无眼耳鼻舌身意,无色声香味触法,无眼界乃至无意识界,无无明亦无无明尽,乃至无老死,亦无老死尽,无苦集灭道,无智亦无得。以无所得故,菩提萨埵,依般若波罗蜜多故,心无挂碍,无挂碍故,无有恐怖,远离颠倒梦想,究竟涅槃。"

这两段经文,你们自己细细地去品,中间是有那么一丝差异的。这一丝差异就是:十地菩萨十地的大圆满和十地菩萨的第八层、第九层的圆满,是不一样的。祂中间隔着一丝东西,你知道吧?隔着一丝东西。那一丝东西,我现在还没到啊。我现在还没有到莲花生大士祂的那个地方,但是我知道,祂离观自在还差着一丝的距离,一丝的差距呢。

《心经》里面啊,是究竟圆满地破除了"我相、人相、众生相、寿者相"的四见的,就是我见、人见、众生见、寿者相的这种四相、四见的分别心的。所以祂呈现出来的是,究竟圆满的智慧性、普照性和究竟圆满的清净性。究竟圆满的清净性,是慈悲气息的直接表达,中间没有经过过滤,因为慈悲是不可说的。

每次我苏醒了之后,我给你们讲的法,就只能是……

就好像是苏醒的那个地方啊，是光，而我是一面镜子，我只能描述镜子里面的光。因为有镜子才会有光的表现，你知道吗？我只能去描述被镜子所倒映的光的表现。可是一旦被镜子倒映，一旦被描述的这光，和真正的光就毫无关系了。这个就是智慧和慈悲的关系，你们知道吗？

就观自在菩萨，祂讲的这种究竟的智慧啊，就是觉性的普照啊，祂是智慧性的直接表达，祂是智慧气息的如意圆满的描述和表述。但是表述和描述的智慧，已经不再是慈悲的圆满，祂被称为"觉明为咎"，称为"第二月"。

所以说，佛是以宇宙天体、宇宙万物、苍穹众生、十法界恒河沙的世界来表达，但是一切表达，一切佛世界、一切佛相、佛的智慧、佛的宇宙、佛的华藏世界、佛的神通、佛的威德、佛的三十二相好，都并非是佛。除了慈悲，一切皆非是佛，包括智慧都不是。所以说，当我今天真正证入到慈悲性的时候，我才发现，我才知道，原来这个觉照智慧，祂是先天具有着虚弱性。

这句话，除了我能说，你们任何人都不可以重复啊。我说，就是这个十地菩萨普照圆满的这种大智慧，祂具有先天的不足、先天的虚弱。因为祂是慈悲性、慈悲气息的圆满表达，祂并非慈悲。只有慈悲是可以开创生命、诞生生命的。慈悲是支撑着整个宇宙、时间、空间、境界，是缘起缘灭的根本的原动力、根本的生命力。慈悲是一切众生身心灵、身语意、灵魂和生命最根本的承载者。

所以为什么讲"一念迷，佛为众生；一念觉，众生是佛"呢？但是，由慈悲呈现出来的觉性普照，可以呈……就觉性的那个智慧力啊，可以一瞬间将宇宙尽头的一个星球，拉到你眼前，变成一个念头。觉性可以将三界六道，包括人世间的每一秒，拉长到一大劫、1000

多亿年那么长,也可以把古往今来任何一个世界的时间,缩短到1秒钟,放在你手尖上仔细观察。这个叫觉性的游戏神通。但是觉性本身具有先天的,叫什么,"发育不良"?就觉性相对于慈悲而言,祂是先天的虚弱。

但是过去我不知道啊。在今年我证入悲能之前,我是不知道觉性大智慧是虚弱的。祂只有游戏神通的力量,但是祂所开创的、所塑造的一切,都是慈悲性的表达。要是离开了慈悲性,就没有觉性。或者说,唯有智慧除尽了分别细念的业障,才能还原出来大慈大悲的如来的本来面目。所以智慧又是一个过程、一种工具、一个桥梁,渡过黑暗生死的竹筏,回归到不生不灭的涅槃彼岸。所以智慧是一个过程,最终的结局是慈悲。

在没有证到慈悲之前啊,我是2016年吧,初次地证到了觉性。觉性就好像是,在纯粹的黑暗当中,就是你的身心内在啊,在你的意识的背后,心灵认知的背后,出现了一道光的感觉。那道光,脱离了你的意识和你的心识。那道光在点燃那一瞬间,整个黑暗被撕裂那一瞬间,整个身心内在,祂有一种梦醒的感觉。就是原本你的身心内在是黑暗的,那个黑暗本身是具有生命的,祂苏醒来了,就是那种感觉,但是很浅。

我是2016年初次证到了,就说是证到了觉性。然后到了我48岁,然后是经历了一次死亡,然后就证入了觉性,那个觉性成为了我。然后,我看是哪一年,我是2021年的8月份,在散步的时候,看到了这个虚空。当时我在散步的时候,我的肉眼看到的是这个空间啊,但是在我大脑里面,在我大脑和我心灵运行的这个环境当中……

哎呀,这个东西,我又得费几分钟时间给你们把这个空间,给你们讲一下,不然你们很难理解的,以为我又在讲迷信呢。佛是不妄语者,佛是不说谎的。你们眼睛看到的

这空间啊，实际上不存在。你们眼睛看到的眼前这个空间啊，和这个光线啊，是你的心灵、你的认知和你的意识相续，形成境界，透过你的这个身体，所投射出来的一个幻境。就是你们现在眼前看到的这个空间和你们肉体接触的这个物质世界，实际上是你内心境界的投射，是你内心认知、构成认知的习气、记忆，聚合你意识概念，形成思维的一种投射。

外面并没有世界，你在外面看到的这个世界，完完全全、彻彻底底，任何东西，都是你的心灵的认知，聚合你的意识，在你的心灵内在，浮现出来一个世界，投射在外面的一个影像而已。我们这个世界，称为"影像世界"，他没有物质。所有的物质之下都是能量，知道吗？而能量之下是暗宇宙，而暗宇宙就是由我们的心灵认知背后的灵魂感知，投射出来的业力的密度。

而灵魂感知的那种业力的密度，一旦被我们的心灵认知，凝固为具体的、固化的、可以触及、可以理解的那种状态的时候，就变成了我们人类的科技，所能理解到的能量的形态。这个就是"测不准原理"，这个就叫"薛定谔的猫"，这个就是量子力学。

就说是我们探测到的任何物质呀，它都是现象。记住了，第一个概念：物质都是现象。任何现象它都是由物质构成的，而物质呢，是有它的运行规律的，有它的聚合、分解的运行规律的。任何物质，它都有它的"成住坏空"的这个存在规律的。所以说物质是可以被认识的，规律是可以被掌握的。所以这是我们过去认为的牛顿的经典物理学。

现在呢，我们探测的手段更深了，技术更高明了，科学更延展了。往微观下探测的时候，我们发现，物质的之下呀，是由能量构成的。就说是我们物质是由这个分子构成的，分子是由这个电子呀，原子呀，一直延伸到夸克构成的。而夸克之下呢，它就接触到了能量的构成。这个能量以下呢，我们现在科技没有任何手段可以探测他，所以把他称为"暗物质""暗能量""暗宇宙"。

就是暗物质构成了暗能量，暗能量构成了暗宇宙，但是为什么是"暗"呢？我们现在没法探测他，我们能探测的称为"明"，不能探测的，但是我们可以推论出来的，我们称为"暗"——暗物质。暗物质实际上是我们的意识之下，有我们的认知，认知的背后有我们的感知，那个感知叫灵魂感知，那个感知投射出来的，构成感知的细念和习气的沉淀，表现出来的业力状态，就是暗物质，就是暗能量，就是暗宇宙。他是不能被我们的心灵认知和意识相续的这个境界，所触及、所理解、所分析、所探测的，所以他被称为"暗物质"。

人类永远没有办法，通过现有的技术手段和心识的理解，去触及到暗物质的。因为触及到暗物质那一瞬间，那种灵魂感知，就会被心灵认知确定为某一种物质形态的时候，暗物质就变成了能量状态。所以说，我告

诉你们啊，你们现在看到的、体验到的、认知到的、感知到的，一切外界的物质环境，全部都是你灵魂感知当中，暗能量被你的心灵认知确定的，一种可分别的心识状态。

我们现在此时此刻，我们现在所谓的身体，我们面前的这个物质、这个时间和空间，都是由我们的心识幻化出来的境界，投射在我们的肉体之外的一种环境而已。这种环境的表现，称为"现象"；这个环境之下，称为"能量"。这个能量的构成呢，称为"暗物质"。而暗物质恰恰是我们认知蕴含的，认知背后的能量感知所浮现出来的业力状态。

所以说那天我在走路的时候呢，我的人体在这个空间当中走，但是我内在的心灵、心识和意识之间循环的这个，有个认知世界的我和我所认知的这个世界。这个我又要跟你们说明一下。你看啊，外面有一瓶水，这个水是客观存在的，对吧，是不是这样子？它是一个塑料构成，里面有茶水，这是一瓶矿泉水，一瓶绿茶。而我呢，而是因为我的内在有一个认知绿茶的"我"的存在，才会有外面这瓶绿茶的存在。这瓶绿茶不是说独立于我——这个认知的我，而独立存在的，不变的、客观的本体。这点是推翻了现代的经典物理学的。

你们能理解吗？要是没有一个我内在对于绿茶的认知，外面的这个，只是个物体，只是个现象，它不能够称为"绿茶"的。因为我过去喝过绿茶，我过去喝过矿泉水，我过去对它有过记忆和体验，这个物体、这个现象，才能够成为一瓶绿茶。这个绿茶是由于我的心灵对它的认知、体验、记忆的储存，结合我的意识，才投射出来了，赋予了外面这个物体以绿茶的现象——这个现象的一个名称和体验，它才有绿茶这个主体的，明白了吗？

这瓶绿茶并不是客观存在的，它只是个能量现象。是我对它的认知、记忆、储存的体验，赋予了这个现象以绿茶的概念和经验的内涵，它才会有一个独立的、完整的、具体的、鲜活的"绿茶"，在我手里面拿着。否则的话，它只是能量构成的一个现象而已，它不能称为"绿茶"。

在我看到这瓶绿茶的时候，中间有一个刹那间的时间差。这个绿茶，它不是独立存在的，而是我对它的反应，而作出来"它是绿茶"的一个过程，绿茶才存在的。当时我在外面逛街的时候呢，我的身体看到外面这个……就是我的眼睛和我的思想、我的认知，看到外面这个空间的时候，看到外面空间的，我内在的我呢，同时看到了我内在的，投射出我在外在空间的这个境界的时候，在那个我内在的境界里面，那个……

就说是我的眼睛看到的是这个空间，你知道吧？可是我的眼睛看到的只是光而已，我的眼睛看不到空间的，我的眼睛看到的只是光的折射而已。实际上外面的这个空间，是

我内在的对于空间的认知，浮现出来的空间的境界的投射。

所以说我在看到我内在境界的那个空间的时候，那个空间开了一扇门。我看到虚空当中开了一扇门，那道门呢，是两扇，就是铜……像是古铜色的、纯金的门打开了，推开了，大概推开有1尺，然后里面一道圣光啊，就像水银一样的，从虚空当中倾泻而下。原本空间当中什么都没有，当那扇门推开了之后，整个空间啊，就一下子像变成了……就从白天的那种空间，变成了像是宇宙星河，在外太空的感觉一样。在外太空的星云星河深处，推开了一扇金色的门，背后的天堂的光芒，像水银一样倾泻而下，照亮了整个宇宙范围。

然后在整个虚空无尽无尽的深邃的空间当中，浮现出来了无穷无尽的世界，那都是神的世界。而那道像水银一样倾泻而下的圣光，祂本身是具有生命的。那是生命的形态是光——祂不是带有意识的光，而是光本身是生命。光本身是生命的形态，祂是具有智慧性的。然后那时候，我就写了好多篇与圣光的对话。

然后紧接着到了 2021 年 10 月份，我经历了一次事故，然后人真正地死掉了。这就是我跟你们讲今天这堂法的目的。我第一次接受到悲能，是在我真正的，在残酷的那种环境当中，经历了那种巨大的、非人的折磨之后，在一种彻底死亡的状态下，经历了第一次悲能。然后第二次是在我经历了一次人世间的事故，然后我这个人死掉了。就是我这个人确确实实，就真正的，这个身体死掉了。

但是在死亡之前呢，在死亡之前，我看到了……说是看，实际上是我的心啊，已经脱离了我的身体。那个状态可能是我的神识啊，就是我内在的我的认知啊，已经脱离了我的意识了，脱离了我的人格自我意识，脱离了我的头脑意识，已经从身体里面浮出来了。

然后我看到了整个充满虚空的，都是无穷无尽的佛的世界。没有我的存在，只有慈悲的存在。而慈悲之内浮现出来了，无量无尽的，就说极尽天边的，在空间的尽头那个宇宙，也是佛的世界。祂和我眼前看到的，在我胸口的这个如来的世界，是一样的清晰，一样的具体。就充满了时间和空间，充满了微观与宏观的，无穷无尽的空间范围，祂全部都是不同大小的佛的世界。而一切佛的世界，全部都是在悲能当中显现的，在慈悲当中显现的。这是我在死亡之前看到的，或者说那阵子可能我都已经失去意识了，已经是一种濒死状态了。

然后我就看到了我自己，就是人世间的这个肉身的我，坐在我那个病房的那个窗台上。它是个落地窗嘛，大概就是一个1尺高那个窗台上。然后翘着二郎腿，一个腿搭在那个窗台上，一个腿放在那个地板上，就是一副吊儿郎当的样子，靠着那个窗框。然后一脸戏谑地看着我，就是那种调戏的状态,就是看热闹的,幸灾乐祸,你知道吧?幸灾乐祸、落井下石那种感觉。

你也有今天啊?你不是很狂妄吗?你不是自称是人们的导师吗?你不是说,还自诩为自己是修行者吗?你的修行呢?你也有今天啊?你看你现在这么痛苦,这么绝望,这么走投无路,你的本师呢,你的无所不能那些智慧呢?他就在那样戏谑地看着我,嘲笑我,由我自己呀。

然后在那个极度痛苦的,那真的叫生不如死的痛苦啊,我七八天没喝过一滴水啊。然后我说:哎呀,你帮帮我吧。我说:你这一辈子帮了无数的人,救了无数的人,指导了无数的人,有那么多的人,在你的指导下起死回生,获得了新生。我说:你帮帮我吧,我实在没有办法了,我走投无路了,我真的一点办法都没有了,我不知道怎么办了。

我说：我不怕死亡，我真的不怕死亡的，我也不怕痛苦，我怕的是没有出路，我怕的是不知道我怎么办。我说：你救救我，你指导一下我，你告诉我应该怎么办，我怕的是没有标准，我怕的真的不是痛苦，真的不是死亡，我怕的是，我不知道遵从什么样的标准。

然后他看着我，然后眼神严肃了一下，想了一下，然后告诉我：我先教会你接纳吧，你先去学习接纳。我说：然后呢？然后他说，接纳完了之后，他告诉我是半年之后……他说：你先学会接纳，接纳你现在的一切，接纳你的一切痛苦，半年之后，我教给你如何去宽恕。当时我还在想：宽恕应该比接纳更简单啊。然后他就再没理我，然后转身就走掉了，我看他那个背影，就走掉了。

在我临终的时候啊，我任何人都不相信的，我只相信我自己，为什么呢？这个就是我前面刚开始讲法的时候，给你们讲的：我认定我是个老流氓。这句话背后是什么意思呢？我是个很真实的人。在死亡的时候，在你死到临头的时候，你依靠的，绝对不是高大上，绝对不是伟光正，你依靠的，只有真实。因为真实的，他是可靠的；真实的，他不会随着外面的环境而变化；真实的，才会有真实的指导，才会有真实的结果。

我说这个人格是个老流氓，为什么？说这个老流氓的，就是一个真实地面对我人格人性杂质的，我的信仰。所以说我这一辈子我最信任的，就是这个信仰的我自己，他是可以为了他的信仰，去付出一切，包括生命。我是一个说到做到的人，或者说，我说出来的，已经是我做到的。在我整个前半生的修行当中，我死过不止一次的。每一次都是在极其痛苦、极其痛苦、生不如死的痛苦当中，我凭借我的信仰过来的。人世间如果真的有一个人值得我佩服的话，那就是我呀。

后来，我从死亡当中出来了。出来那时候，我在开始恢复的时候发现，

我身体里面怎么少了样东西？具体少的什么，我不知道。但是我身体里面，在我身体之内，又多了样东西。具体多的什么东西呢？我知道，是一片目光，祂不是一道目光，而是一片目光。

而我现在此时此刻，就活在这道目光当中。在我恢复的时候，无论我是醒着的，无论我是睡着的，无论我是痛苦的，无论我是欢笑的，无论我在看电视剧，还是我在跟人开玩笑，无论我在学法，无论我是在打禅，无论我是在吃饭，甚至在上厕所，祂——那片目光，就在笼罩着我，看着我。看着我的起心动念，看着我的心里面的情绪，看着我的思虑心，看着我的意识，看着我动机，看着我做出的决断，看着我说话，看着我的思维。

祂不做任何分析，没有任何评价，就是一片目光——纯净的、透彻的、究竟的、无生的、宁静的目光，笼罩着我。后来当我身体大概两个月恢复了之后，我在禅定当中，我再深入地去看，我身……我不是发现我身体当中，少了个什么东西吗？我才发现，在禅定的时候我发现：哎哟，过去的那个自我不见了。就在那种痛苦当中、在绝望当中、在死亡当中的，那种恐惧的、求生的、自我保护的那个自己不见了，就是我那个人格没有了。

我那个人格为什么没有了呢？就是因为在我临死的时候，那个信仰的我，过来看我、嘲笑我的时候，告诉我一句话：接纳你自己的死亡。我接纳了我自己的死亡，用最根本、最纯粹的安宁、坦然、爱与纯洁，接纳了人格自我的死亡，他真的就死掉了。从此之后，那个接纳就变成了我，而那个接纳，却是觉性在我身心当中，体现出来的力量。祂是智慧伸进了我整个三界内灵魂的一只手。

现在时间已经过去3年了，过去笼罩着我身心、意识、灵魂的那个光、那个目光，到今天为止，已经渗透在了我的意识、我的心灵、我的情绪、我的感知当中。祂变成了我的起心动念当中，我的起心动念的细念和习气，所不能够牵动的当下的寂静。

所以这两天我才终于深刻地意识到：原来我的活着，他实际上是一种中阴身的状态。就是我歪歪脖子、眨眨眼睛、打个哈欠、喝口水，这全部都是业力的浮现。而我身心内在，因为有了这个渗透到了我的身心内在思绪和细念当中，那个无生无灭、清澈的寂静，所以说在寂静、轻柔的妙觉当中，一切生灭相续的全部，呈现出来了他业障相续本身的虚幻不实。

就是那道光，祂不在我的身体外面了；那道目光，祂现在已经在我的身心表面，在我的细胞里面了，就说是我进阶了。这个就是，我现在是八地菩萨第六层，大概再有3个月，我就是八地菩萨第七层了。再有3年，当我54岁的时候，我就应该是进入到九地菩萨了。九地菩萨就是纯光的状态。

九地菩萨跟七地菩萨的关系，在什么地方？七地菩萨，祂是对应着那个造物主嘛，相当于就是灵性天堂背后那个终极意识，那个是七地菩萨。七地菩萨，祂是完全被动的、纯净的、无形无相的接纳，祂浮现出来是永恒的生命之光。而那生命之光，祂是不变的、亘古的、完整的，无生无灭、究竟永恒的，极乐狂喜的生命之光。听清楚：祂是极乐狂喜的、实有的、永恒不变完整的生命之光，祂是纯灵性的光明。而九地菩萨呢，祂是无相光。这种光明，祂没有形态，没有现象，祂是一种性质。祂是能够分解一切生灭相续幻境的，无生无灭大解脱的、普照的、光明的性质。祂是性质，祂不是现象。

你们知道吗？你们在纯粹的黑暗当中，在你们地下室里面，把所有的门窗全部堵严实了。在半夜里1点钟的时候，伸手不见五指，你的眼睛都看不到你的手。就是你点燃一根火柴，在火柴亮起那一瞬间，它不是有火苗吗？那个火苗是灵性的光。那个火苗撕裂了周

祂是能够分解一切生灭相续幻境的
无生无灭大解脱的、普照的、光明的性质
祂是性质,祂不是现象

边的黑暗，那个黑暗消失的那一瞬间，那种清澈感，那种明晰感，那个是九地菩萨的无相光。祂是光的性质，祂是明澈的性质，祂是自由的性质，祂是无生的性质，祂不是光的现象。这就是九地菩萨跟七地菩萨的，泾渭分明、天壤之别的关系。

但是九地菩萨，祂会以七地菩萨的这种灵性光的形态，而表现在人世间。灵性光啊，祂如果要是没有九地菩萨的智慧支撑，灵性光就是单纯的、存在的爱。就是亘古、原始、完整、无限的，解脱了"我相、人相、众生相"，但是祂是永恒存在的、光明相的、无尽的爱与宽恕，这个是天堂的光、天堂的爱。祂只有爱，祂只有宽恕，祂只有救赎，祂没有惩罚。

祂是永恒的存在，祂解脱了心识分别和意识分别形成的想阴的，投射出来众生具体人格和形象的分段生死。就祂不会说是再投胎了，祂永远是以光与爱的状态，与生命觉受内妙乐的喜悦，在宇宙极尽微观、极尽高深的那种时空的本质当中，呈现出来了生命的永恒。那是七地菩萨，那是宇宙终极意识呈现出来的灵性天堂。

但是呢，大概 3 年之后，我就是由九地菩萨的无相光的性质，渗入到灵性天堂的灵性生命之光的这个躯体里边来，我会有光的形态。就是修行者的身心当中，就会有光的形态。我跟你们讲，这两者特别微妙的区别，在哪里啊。

你要是没有解脱七地，证入到八地的这种无生智慧，你就是人类。人类跟鬼是同一种性质，包括灵性天堂。在佛界来看，就是在法界，在觉性无生的觉性圆满来看，七地以下，就是从终极意识到人世间的这个距离，全部都属于凡夫俗子，通称为"鬼"，通称为"鬼魂"。神灵也是鬼魂，地狱里面的鬼也是鬼魂，他都是一种中阴身的状态。在相续当中的，都是属于中阴身，包括灵性天堂。

但是因为灵性天堂的本质，祂是属于那种永恒的。就是被动的、清澈的、明晰的，渗透在一切众生的身语意当中，又以众生的身语意、身心灵，呈现生命永恒、原始、完整、源源不绝生命力的，那个叫"终极意识"。祂距离那个法界呀，祂是一线之隔，就是镜子内外。

就是一片玻璃的外面，玻璃的外面，这个就是整个三界六道；玻璃的里面，这个就是觉性的无生无灭，就是佛的普照。就是那个宇宙终极意识，那个觉知——阿赖耶识，就是这面玻璃。祂不是镜子，祂是一面玻璃，祂可以透过来，祂可以透过无生无灭的普照觉性，将大智慧折射为灵性宇宙的永恒。

但是 3 年之后的话，我应该是那个九地菩萨的明晰、无相智慧，就应该是可以跟灵性天堂的光，就完整地结合在一起了。这两种光的区别，在什么地方呢？

一个是存在的，一个是在存在当

中，不被存在所束缚的。九地菩萨是以光明表现，但是祂不被光明所局限。就祂可以利用光明实现神通，但是光明熄灭了，也不会对于祂的无相智慧、明晰的光明性，有任何的损伤。而七地菩萨，那终极意识，那个天堂之主，祂只有光明，祂没有黑暗，祂也不能行使黑暗的力量。但是九地菩萨，祂既可以用光明的力量，也可以使用黑暗的力量。什么叫"顺逆皆方便"呢？就指的是祂。什么叫"在天堂不增，在地狱不减"呢？就指的是祂。

九地菩萨，祂用光明表现出祂的智慧来，那个光明，祂就具有了主观能动性。就像是我们人要干什么事情，要用手一样，那个光明、那个灵性的光明，就是祂的手。而要离开了九地菩萨的这种纯智慧性的明晰、自由的大解脱的气息，那么仅仅是七地菩萨的那种，就说是造物主那种光，祂只有接纳性，祂没有创造性。而九地菩萨穿上这层光的衣服，祂就具有了创造性。

这两者是泾渭分明，那天壤之别。都是光，但是是天壤之别。一个是佛身，一个是三界六道的造物主，不可等同而语的。都是光明形象，天堂之主，祂只是一种被动的接纳、宽恕、救赎，接引众生进入到大喜悦的安乐当中去，保证生命永远的幸福；而九地菩萨穿上了天堂之主的衣服，祂是要把众生从生死轮回的深渊当中解脱出来，祂具有无生的性质，祂具有解脱的智慧，祂可以令三界六道之内一切生命觉醒。就这么说吧，就说是天堂之主，终极意识，对于三界六道众生来说的话，那个是一个有形有相的依靠；九地菩萨，十地菩萨，那个是一切灵魂的救主。

我用尽我前半生所有的生命、我的希望、我的灵魂、我的血液，试图在我这个人格当中啊，开拓出一条透过信仰，将人类的鬼魂，迎接到天堂圣光当中去，甚至于在圣光的境界当中，能够觉醒诸佛的性质，归入那不生不灭、无来无去、慈悲圆满的本体。但是现在事实证明，好像能到第二步的人很少，但是绝大部分人呢，只要你保证你的虔诚心不退，我可以把你接到天堂当中去。

今天我给你们讲这段法呀，是因为一件事。就是我前两天不是讲了一堂法，叫《癌症》吗？就那个大哥，患了癌症了，然后他这两天动了手术了。动完手术之后，手术还挺成功的。但是他今天把病理报告拿过来了，他那一看呢，是癌症三期，就一般来说已经很危险了。因为癌症四期就是属于绝症嘛，癌症嘛，就治不了了。癌症四期就是等同于"死刑"。癌症三期的话，还有救，但是说也可能要经过一些很漫长的过程。

人在被宣判"死刑"的时候，被宣判死亡的时候啊，所有的宗教的祈愿、祈福、承诺、祝福，都变成了胡扯，都变成了谎言。所有在佛教里面许诺你成佛作祖，未来你死后可以上天的这种承诺，什么超度，都是赤裸裸的诈骗、赤裸裸的抢劫、赤裸裸的勒索。修行就是为了面临死亡！

我听到这个消息的时候,我就知道今天必须要讲法,因为我这个人格,我没有力量救他的。我的人格就是一个跟他一模一样的凡夫。我也要面临着我自己的这具身体的损坏,面临着我这具身体不断地衰老,进入病痛,甚至于将来也或许是癌症呀,什么样,离开这个世界的。我没有办法去解决人世间的因果的,我没有这个力量的,但是"祂"可以。

我只有在讲法的时候,将"祂"的神圣,将"祂"的慈悲性,将"祂"的智慧普照,通过这具身体讲出来的时候,那么一切被判了死刑的灵魂,就有救了。这就是我今天要讲法的一个最根本的目的——我的力量救不了他,但是"祂"可以。

我今天讲法这个目的,就是告诉你们几件事。我现在才知道为什么我的人生当中,会遇到那么多的痛苦、那么多的灾难。在监狱里面被差点折磨致死,就基本上已经死掉了,在死的时候,我证入了悲能。然后,

后来说是在人世间，我又经历了一次巨大的这种伤痛吧，一次事故，巨大的事故，那种痛苦比死亡还痛苦。在我最终醒过来的时候呢，又看到了漫天的佛国。

然后紧接着呢，我遇到了这种……因为我人格被我的信仰所取代了之后，那个信仰变成了我新的这具身体内的人格之后，这个信仰当中，透出来了如来慈悲的气息。那种气息，祂引动了在我身处的这个环境当中的神灵，然后耶稣为我显现了。

耶稣显现了之后呢，从那天开始，大概就是整整的半年后，我开始学习耶稣的教法，就是留在人间的那本书——《奇迹课程》《告别娑婆》。到今天为止，我学的还是《奇迹课程》和《告别娑婆》，祂教会我如何去宽恕，祂教会我宽恕背后的意义是什么。

这个时候我才慢慢理解了，也许我就是自古以来，东西方那些无数的预言家，嘴里面所指的那个"指导灵"。

就说未来在东方会出现一个人，祂去到西方，将地上两个最古老的宗教——东方的智慧和西方的这种宗教，融合为一体，形成一个新的救赎灵魂体系的这条道路。现在想想，那可能就是我了。

因为要做这件事情的人，祂必须得要具备两个条件。第一个，这个人是证入到了空性的人，就祂不再被现象、名称、语言所迷惑。祂解脱了心灵认知和意识的范畴，祂解脱了生命存在和生命表现的范畴，而进入到了不生不灭的智慧和生命本质慈悲性的"主"的范畴。祂站在"主"的角度，才能够去将"主"所留在人间的两条不同的路，在性质上，在内涵上，在步骤上，在表现上，结合为一条路。

这个只有达到"主"的觉醒程度，才能够做的事，而我今天已经到了。我是实话实说，我已经到了，我不圆满而已，但是我已经到了。证入到无生，就进入到了"主"的范围。西方所说的"主"，就是东方所说的"佛"——觉悟者的意思。

在悲能那个地方看,在悲能那个地方,连觉性,连普照十方的这种大神通、大圆满、庄严的妙乐觉性,都是属于虚弱的。就是祂是一个孩子,没有错,但是祂属于那种先天发育不良的,一个身体很虚弱的孩子。觉性带有先天的虚弱性,因为祂普照一切,祂熄灭一切灾难,熄灭一切疑惑,祂在生死轮回的相续当中,可以截断生死,但是祂不能够创造生命。觉性是无法创造生命的,知道吗?祂可以开创宇宙,祂可以在时空宇宙当中无所不能,可以随意变化,祂唯独不能创造生命。

慈悲气息、慈悲性,是一切生命的缘起,承载着一切生命。在一切生命的古往今来、刹那永恒的轮回过程当中,没有一刻离开过生命的体验、心性、感知与自我。那个就是慈悲性,那个才是究竟的一合相。云何说法?"不

取于相,如如不动。"那就是慈悲的气息,我证到了,但是现在还没有证入。等我证入"祂"的时候,那我就是"祂"了。

当我完全证入慈悲气息,就像我现在已经百分之六十、七十证入了觉性,我现在是一个如假包换的大菩萨。当我能够证入慈悲性的时候,当我证入到慈悲性51%了之后,我就是一个如假包换的如来了。

我今天跟你们讲这些呀,就是说我人生当中为什么会遇到那么多的痛苦,经历了那么数次死亡。我现在想一想,就是为了救赎那些面临死亡的人。因为这种东西——面对死亡,你必须得感同身受的。你必须得感同身受的,你必须得有同样的经历,并且你在这经历当中,走出了永生的光的道路,你才能够对这些即将面临死亡的人,予以实质性的支持的。

我的教法不是让人们成佛作祖的,我的教法不是说什么给你……像某个老孽畜一样：你们来听我的这个讲法，我这白手套，我给你们灌顶，你们当下不起座，你们就成佛了。这个人一定会下地狱的，百分之一百万会下地狱的，知道吗？因为你不是佛，你是没有授记资格的。你这是误导众生。误导众生的结果，众生被误导之后，灵魂永世轮回那个恶果、那些业障，都会累积在你灵魂上面去，你一定会下无间地狱的，一定的。

我为什么对我说的话，特别慎重呢？我说的话，必须得是我证到的。我是经过反复验证的，所以我才敢说的。因为我知道那种因果业报的可怕性。就包括我现在51岁的人了，我还得要去清理那些垃圾，去做着一些杂工才干的事。对于我这么一个尊贵的生命而言，我为什么不到外面去，随便找几个学生来为我服务呢？那对他们来说，那个简直是天大的福报了——他们生生世世可能就等着这么一次，为一尊大菩萨来服务的。

我为什么不呢？就是因为我不敢滋养我人性当中，人格的任何一丝的虚伪与贪婪。我不敢滋养的，我要时时刻刻记住：你是一个老流氓。老流氓，你就老老实实地，在家里面干着一些杂役的事儿，这个才是对的。千万千万不敢在人世间承担人们的崇拜，承担人们的信仰。因为你没有这个资格，能承担信仰的是"祂"。而"祂"，只有我这个老流氓彻底地净化、消失了之后，才是"祂"圆满如意的慈悲气息的浮现。我是"祂"的敌人，所以我怎么可能去爱我自己呢？

你们看到什么是修行者了吗？我就是——只爱真理，不爱自己。只有我这样的修行者，才有能力、才有胆量去直面死亡。因为我知道这个宇宙，他是一个现象宇宙，这个身体只是一种业障身体。在现象宇宙和业障身体之下，全部都是神佛的智慧，所浮现出来的华藏世界。在一切生命的心语意、身心灵自我的感受之下，全部都是那一尊悲能慈悲气息无限的包容与接纳。

这条路我走通了,知道吗?我付出自己的一生,我走通了这条路。今天我就想给这位大哥说,两句话,记住了:这个宇宙不是你们看到的物质宇宙,这个宇宙是神佛的宇宙,这个宇宙是属于神佛的;第二点,不要怕死,我接着你。

你活着,我会继续引导你在信仰的这条道路上升华。去做一些积累功德的事,去净化你的灵魂。当你离开身体的时候,不要怕,相信我,我会接着你。这句话,是以我一个修行者的智慧、威德、品质,为你们保证的。等你死的时候,我会接着你。这句话是在"祂",在那个究竟悲能的十方圆满的、十方如来的见证下,我为人类做的保障,为整个人类面临死亡的灵魂做的保障。我只需要你一颗决绝的、彻底的、虔诚的、信仰的、信赖的心而已。

我严苛地面对我自己,就是为了给人类留下一条灵魂解脱的路啊。这条路我现在留在这儿了,行不行,那是你的事了。但是我希望呢，你们能在临死的时候，放心、安宁地将你灵魂的未来交给我，我会接着你。

十方诸佛、十方三世如来、无尽无尽佛国世界的主宰，都是那一个慈悲性、慈悲心、慈悲气息，在不同空间、不同觉照的历史当中，浮现出来的"祂"的足迹。我就是"祂"，我就是"祂"留在人类这个时空当中的一块足迹。

我向人类保证，我证量的真实性；我向你们保证，我人品的真实性；我向你们保证，我修行信仰的纯洁性；我向你们保证，"祂"的真实不虚的神圣性。这是我能保证得了的，至于你信不信，你能不能，你是过来看笑话的，你是过来准备讽刺挖苦我、打击我的，那是你的事，跟我没有关系了。我只是将一尊神的承诺，我只是将一个如来的威德，透过这具身体的修行者，以修行者的尊严、信誉和品质，
向人类作一个承诺：不要怕死亡，

死亡只针对这具身体，死亡不针对灵魂；针对灵魂的，只有慈悲的接引和诸佛的光明——我，会，接引你！

所以说啊，这位大哥，如果你今天也在场的话，相信我，依赖我，信任我，跟着我。我不会遗弃你，我不会放弃你。你的死亡在我这儿看，没有什么大不了的。因为我的世界是真实的，我内在那个"祂"，是圆满神圣的，我留在人世间的道路，赋予你的这种光明之路的力量，是足够的。超度你一个灵魂，我是没有任何的疑虑的。相信我，依赖我，信任我，不要有任何恐惧。我会一路看护你，我会一路地保护你，我是你的救主。

今天的这堂法呀，祂主要是针对马上要，就说是身临绝境的人、身患绝症的人，讲的法。祂没有那么多高深的法义，祂没有那么多神佛临在的时候，那种慈悲而神圣的气息。祂不是对修行人用的，祂是对于即将面临着这种死亡的人用的。那么我就想告诉你们，我自己切身的体验、切身的经验、切身的经历。这堂法或许没有那么多高深的智慧,但是祂是我的心路历程,祂凝聚着我整个生命的精华。祂每一个字、每一句话都是切实的。

在面临死亡的时候呢,在面临死亡前啊,你要保证,你信仰的纯洁。就说是你的良心,必须得要直接能够看到你的信仰。你的良心,就是你的心啊,得要解脱你的人格的恐惧,直接看到你的信仰。当你的良心看到你信仰的时候,不躲避,不隐藏,没有愧疚,正大光明,是一种纯粹的纯洁,和无我的、不计后果的投入,你,你的灵魂,就归我了,就被神所接管了,你一定会去我的世界的——我是有宇宙的人。

24年之后,当我75岁的时候,我的世界就应该是已经圆满了。现在虽然没有到圆满的程度,但是现在我已经有了救赎灵魂,从你的人格营造出来的这种现象世界,包括你的灵魂感受,投射出来的暗宇宙、暗物质世界,可以在你的暗宇宙、暗物质世界的那个灵魂感知当中，呈现出来光的状态了。

就是今天这个修行者内在的证量，我证得的那个妙觉解脱的庄严智慧，伴随着慈悲气息的"祂"的威德，以灵性纯光的形态，在你的灵魂感知领域里面，呈现出来具有意识的生命态的光，那就是我。你必须得要看到这道光。那么就必须得要在你活着的时候，熟悉这道光。

怎么熟悉呢？就是那句话：用你的良心看到我，透过你决绝绝对的虔诚，来认知到我，我是你的救主。这句话，除了我以外，地球上任何人说，都是属于妄语，那个都是要经受极大极大残酷的报应的。这句话只有佛可以讲。

我今天敢冒天下大不韪，讲这句话，第一个，我是，我确实是。这个我自己经过反复验证，我才有把握说出来。第二

个，这句话不得不说了。因为有很多人可能到了这个年龄，他可能会面临绝症的时候，如果再不给他们一个确实的保证和方向的话，他们的灵魂可能，在临终的时候，不能够明确地、毫无疑虑地见到这束光，他们就会跟着自己人格习气的疑虑、恐惧走，那就是轮回了。

你们学了我这教法，就算是你不跟我走，你轮回的一定是好地方。轮回的一定是天道的世界呀，或者是当一个仙人啊。或者是，再不好，下一辈子当一个人间的富贵的人，当一个富人家的孩子，这都是可以的。但是我不希望那样，我希望你们信仰这一尊神的灵魂，能去未来那一个如来的宇宙体系。

那尊如来的宇宙体系，祂已经成形了，已经健全了，已经完备了，已经是浩如烟海的华藏世界，那是美轮美奂，那是无比地庄严和富贵的世界。我希望你能跟着我走，去到我的世界，去到我的宇宙里面去。

所以今天讲这堂法，也是迫不得已。我必须得要给这样的灵魂，一个确定的、确实的保证。什么保证呢？第一个，我是人间的修行者，我终身都是修行者，我不是你们想象当中的骗子，我不是教主，我也不是一个什么"伟光正"的人世间的道德楷模。我是神，我这个修行者的证量，已经具有了神的证量。这是第一条，我是个真正的修行者，已经觉醒了，截断了生死洪流，在生死洪流当中投射出来妙觉庄严智慧的一尊佛。这是第一条，我是真的。

第二条，我未来的圆满是注定的。或者说那个注定的圆满，祂已经成就了，只是我在人世间，显现这个过程而已。我是有世界的，你们的灵魂未来是有保障的。这是第二条。

第三条，信仰我，依赖我，将你的生命和灵魂托付于我，我不会辜负你。我从来就是一个很负责任的人，从人性上来说，我是个很负责任的人。在修行境界当中，我是一个公正无私的人，不会有任何隐瞒，不会有任何夸张，不会撒谎，也绝对不会误导你。信赖我，信任我，将你的灵魂托付给我，我会带你回到天堂。这是第三条。

我会改变整个人类的未来，为了这个目的，我愿意去牺牲自己剩下的余生。虽然可能说是对于人类而言，我要想获得人世间的地位、尊重、财富、权力，那个真是弹指间的事情。但是为了避免我身上残存的这个老流氓的人性，玷污我内在那神圣庄严的"祂"的慈悲，我这一辈子，都要把自己锁在一个与世隔绝的地方，这是我的信仰。相信我，我是一个为着信仰去死的人。你的灵魂，足以放心大胆地，依靠在这么一个有信仰的修行者的身上。这个地球上，只有我可以救你。

不要害怕，什么叫"命中注定"呢？什么叫"命中有时终须有"呢，"命里无时莫强求"。人们都以为这个是讲的是，你有多少钱啊，我赚多少钱没赚到，然后自我心理安慰一下：命中有时终须有嘛，命里无时莫强求。你想过没有，你的癌症，跟你的财富一样，都是你命中有的。你的死亡，跟你的诞生一样，都是你不能够左右的。

但是，因为现在在我身心当中，已经有了一个渗透在我身心当中，却不被我的细念和习气所改变、所触及、所蒙蔽的，那个妙觉庄严的解脱感。那种解脱感渗透在你的灵魂领域里面，那就是光。那个解脱感不在生死洪流的相续当中。那个解脱的大自在的妙乐庄严，在生死洪流相续当中，呈现出来的，那个就是天堂的荣耀、幸福、安宁与极乐。我保证这一点。

你要做的只是去虔诚、信任、追随，让你的灵魂，让你的良心，避开你人格的索取和贪婪，直接看到我，我就可以把你接走。这就是我让你们学法的目的啊，我让你们融入我生命气息的目的啊。这就是我为什么说是，那些人，当外面有人，在不断地污蔑我，说我是魔鬼,说我是邪师,说我收了别人钱,我一定要奋起反击的原因。我不是在维护我的名誉,我是在维护你们的信仰,从而维护你们灵魂的未来。

我一次一次地跟这些,试图诬陷我、污蔑我、中伤我的那些魔鬼们对赌:如果我不是一尊佛,如果我说的不是佛法,如果我说的、做的,有违一个修行者的品质、道德、信仰,我下无间地狱。这是我在十方如来面前,在"祂"面前,作出来的赌咒,作出来的誓约。我是在十方如来面前,作出来的这种庄严的,以自己的灵魂、身家性命、法身慧命作为筹码,作出来的赌咒:如果我讲的不是释迦牟尼佛的正法眼藏,如果我的言行偏离了一个修行者的纯洁、无私、坦荡,我下无间地狱。

我的目的,不是为了去恐吓那些污蔑我、试图毁灭真理的人们,不是为了恐吓他们,而是为了维护你们。因为在你临死的时候,对于我的,没有一丝一毫的怀疑、排斥、拒绝,才能够在你的良心深处,见到这尊

佛，纯智慧以灵性光明的形态，照进你灵魂感知内的，那个纯洁的光。那道光，就是你回家的道路；那道光，就是一路保护你的灵魂，不会受到任何的伤害的，你的护法神。顺着那道光，回到那道光，进入那道光，成为那道光，你就会在 25 年之后，在这个空间还要 25 年之后的，那一尊佛所成就的宇宙当中，诞生了。

当然这个大哥的话，因为他……不是供养啊，供养指的是一种身份。就是你们是学生，我是一个导师，你们是修行者，我是一尊佛，这是在这种身份前提下，我跟你不认识，你见了我要给我钱的，那个叫"供养"。但是我跟他不仅认识，而且关系还很近，我接受过他一些帮助。

那么这个帮助就已经不得了了，这个帮助可以决定他的灵魂，在我的，就在那个修行者所成就的宇宙体系里面，是生生世世的皇帝。不要怕，等待着你灵魂未来的，是比你人类的生活，要幸福一兆亿倍的美好、极乐、安乐和永恒。永远不会有痛苦，永远不会有死亡，等待着你的，是永永远远的荣耀、权柄、富足与世界。你会有自己的世界，哪怕你没有修行，这个是我可以做到的事。虽然你不是一个神，但是你是一个，怎么说呢，是属于那种天人众生里面的皇帝吧。

但是我的教法里面，还有另外的一些可以成为神的生命——那种生命，他不再具有个体形象。目前还没有到法界，但是已经有好几个到了灵性宇宙天堂的人。就包括那个灵王，她的境界就已经……她来的境界本身就很高，应该是在宇宙终极意识之下的第三层的生命，她这儿来的。她那层生命已经无形无相了，她是灵性宇宙的一层爱和……她是灵性宇宙里面的那种，永恒、纯净的标准，呈现出来的爱的庄严。

但是这一世，她要回去，要比她上一世来的地方还要更高，她会更接近于终极意识。她会变成一个彻底无私、纯净、公正而永恒的，灵性的法则。就是她从一层标准，变成了一层法则。这是我现在目前，可能我的学生里面境界最高的人，最高的一个人。

她修行什么了呀？她能讲出一句像样的法吗？讲不出来的。什么"十二缘起"，什么"一心三藏"，什么"色不异空，空不异色"，她一句话都讲不出来的。但是她讲出来的语言背后是光，为什么呢？她的文字背后没有自己，只有信仰。

而那个信仰，她信仰的是真神，那么真神就会透过她无我的信仰，净化她的生命，从而传递出来，改变她整个灵魂宇宙的，那种纯生命的力量。那种力量透过她表现，就是光，她的文字背后是震慑人心、洞穿灵魂的，那种纯生命的灵性的光。这就是成就啊，还要什么成就呢？"一切贤圣，皆以无为法而有差别"，什么叫"无为法"？无我的程度啊。无我的程度，你内在的灵性才能苏醒，内在的觉性才能够普照，包括那个慈悲性

气息，才能够透过你觉性的圆满、灵性的庄严，而渗透在你的身心灵当中，呈现出来温暖的救赎。这个是我教法成就的第一人。

其次的可能就是几世肉身不腐的活佛，还有救赎了很多很多人的大德，其次才是这些人。这些人的证量都不如这个灵王的。因为她对于我的信仰，真正是彻底地做到了，可以付出她生命的一切，付出她生活的一切，包括她生命的所有，而践行她对于一尊真神的虔诚。

所以我的教法最核心就是：真实与虔诚。真实，你可以分开你的人格和你的信仰。就像我，今天这个修行者，我从来不会认为我的人格有多么地高大上。我的人格，把我的人格放到人世间去，过不了几年，我就是妻妾成群的，百分之百的。我不爱慕权势，我也不爱金钱，但是我一定会被爱慕我那些女性所吸引，这个是我自己，我太清楚了。知人者智，自知者明，我就是个老流氓。老流氓，你就应该过着一个，隐居的独身的生活。

为了你的信仰，为了"祂"的尊严与清白，我必须得这样做。

这个就是我留给人间的道路：苦中无我，唯有真理慈悲。慈悲是终极，真理是智慧，只有真理可以剔除黑暗，只有慈悲可以救赎生命。而我这个人的好与坏，善与恶，过得好不好，是不是每天疲于奔命、焦头烂额，那有什么关系呢？只要"祂"的清白，"祂"的尊贵，"祂"的庄严，不被我人性玷污，我人性理所应当地，去过一个糟老头子的生活啊！

你口口声声说你的信仰，要为"祂"付出一切，连这点生活你都忍受不了吗？你还要去羡慕那些邪师的那些，所谓的前呼后拥的，几十万、几百万信徒那种生活，你敢吗？就我问我自己：你敢不敢，现在让你去过那些所谓活佛，那一些教主的生活，你敢不敢？给我一万个胆子，我都不敢的！我不能成为别人心目当中的活佛，我必须得是一个解脱了自我的，大自在的真实。我不能成为人们心目当中的我，而要成为信仰当中，那个解脱了自我的，无生无灭、普照十方的慈悲性，那个才是真正的佛。

我从来没有像今天这样讲法，如此确定地告诉你们，我是一个值得依靠的人。因为实际上过去我是，我不想在人世间树敌，你知道吗？那些所谓的"导师""大师"们，一听我这么讲的话，那一个一个，那就疯了！"老子是有传承的！老子的传承是第几代、第几代，你没有传承，你敢说自己是佛，你是魔……"我实在不想招惹这些麻烦，你知道吗？

这些人实际上，我就觉得很可笑，你们所说那些什么传承，那个都是老子留给你们的！那些都是千年之前的我，留给你们的东西！你们现在要用我留给你们的东西，来衡量我？这简直是孙子不认爷了！但是我实在是不想去惹这些麻烦，你知道吧。所以我从来没像今天这么，如此言之凿凿地，如此一个字一个坑地告诉你们：我是必定成就的如来。

我现在此时此刻，已经是一尊真神了。我是不入死亡的生命，我有将灵魂从死亡当中，救赎到更好的世界当中去的力量的。我为我今天说的每一个字、每一句话负责任，负全部责任——如果我撒谎，我下地狱。

我有力量救赎你，我有救赎你的所有的智慧、光明、慈悲与能力，不要怕死亡。死亡，你现在死，跟你几十年之后死，在我来看，没什么区别。唯一的区别就是，我在你身边。这是你死亡的时候的唯一的区别。我在你身边，你不用害怕死亡的。因为这个宇宙是神佛的宇宙，换句话说，这个宇宙是我的宇宙。不要怕，离开这具身体，你跟我在一起，我会把你送到我的世界里面去，那是光的世界。

几十年死后，或者说你不认识我，你活到了 90 多岁、

100岁，死掉了，那个才是可怕呢！那个才可怕呢！那个你可没有，可没有神为你保驾护航，可没有神托着你，可没有神看护你，可没有神抱着你，把你送到天堂里面去的，没有了。你就全靠你自己的这一辈子的善恶因缘，形成的善恶境界，牵动你的灵魂感知当中蕴含的思量心，继续你前世因缘推进，结成的后世因缘的境界了，那个就是投胎了。那个投胎投得好与不好，在我来看都是灾难，因为最终有一天你会进入到地狱的——福报消耗完了，那个就是地狱。

而今天不一样，有一尊佛在托着你，有一个大菩萨的智慧与爱的光明，在引导你、拥抱你、呵护你、托举你，托着你的灵魂，生到光的世界。那里面没有痛苦，没有死亡，只有爱，只有温暖，只有永恒。更何况你是帮助过我的人。

因为你曾经对我的这些帮助，在那个光的世界里面，你会成为一个，一层天的皇帝吧。而且是生生世世，这层天的福报享完了之后,到下一层天,生生世世的皇帝,不会有堕落成鬼的可能性。所以说,不要怕死亡,死亡对于你,那是解脱了一场噩梦,进入到了光的幸福。

那么,这堂法不仅是给这个大哥讲的,也是给你们所有这些追随真神的人的一个保障。我不能够许诺你成佛作祖,我不是邪教,我不是邪师。我不会告诉你们虚无缥缈的事情,"你学我的教法,我给你灌顶,将来成佛了",那是纯粹的胡说八道啊!那是纯粹的玷污神灵啊!你一个鬼,你怎么有资格去给别的鬼灌顶呢?我都没这个资格的!有这个资格的话,3 年之后我有这个资格,成为九地菩萨了之后,我可能会有这个资格。八地菩萨都没这资格的。

八地菩萨只能验证:你到什么地方来了,下一步会怎么样。可能会有验证,会有引导,会有智慧的这种指导。九地菩萨,因为祂是纯光的生命,祂可以直接从地狱里面救赎灵魂

的，祂应该是有这个资格了，给一些……实际上那个资格也不大。真正灌顶，真正授记，只有佛可以，只有如来可以。就是 25 年之后的我，可以授记。因为那时候我已经不再受任何时间和空间的制约，我可以看到这个灵魂的未来。我可以授记你在多少劫之后，在哪一个世界成佛。因为我能看得到、能知道，而且是准确无误地知道。现在我没有这个能力的。

我都没有这个能力，更何况那些骗子呢？更何况那些人世间的那种恶棍呢？那是真正的恶棍，你知道吗？那个在宗教里面收了无数的弟子，然后说是"听我讲堂法，你们当下成佛，不离板凳就成佛了"，那是恶棍！那是恶贯满盈的恶鬼！那是戏弄别人的灵魂与信仰，那是真的是毁灭众生的法身慧命啊！

所以说我不能够承诺你们修行到什么境界，但是我可以给你们托个底，你们不用害怕死后去什么地方。这个是我给你们托底的地方，就是跟随真神修行的灵魂，哪怕你修行不圆满，在你离开这具身体的时候，只要你的信仰……但是我的要求只有一点啊：你的心底里面的良心，你的心要直接能看到我，中间不要隔恐惧，不要隔着怀疑，不要隔着任何的猜测。你的心要毫无疑虑地，就像你睁开眼睛就能看到空间一样，你的心，在你临终的时候，在那一刻，在那一天，你只能看到我，就看到这个救赎你灵魂的主。

对于我的信任，要超过于对你母亲的信任，对你妈、对你爸的信任，对你孩子的信任，要超过对于一切人的信任。这个信任当中不能有任何阻隔，这个信任就变成了信仰。这种信仰，你灵魂的信仰，他就会种到你的……就是你心灵的信仰，他就会超越你的人格，穿透你的心灵认知，进入到你的灵魂感受当中去。

你的灵魂感受，接到这种纯粹信仰了之后，那个灵魂感受当中，他渗透着真神的智慧，他就和这个信仰结合在一起，就会绽放出光来。就会在你的灵魂感知的，那种脱落了你的思想和心意的，混沌状态当中，呈现出来安宁、安全、光明、纯净的觉受——那就是我的样子。

我会带着你的思量心，进入到这种光，带着你在失去了这具身体之后的，那种灵魂状态的思量心的状态，进入到这种光里面去。利用光的纯洁和温暖，消融思量心的分别与记忆。思量心消融了，思量心背后蕴含的那一个感知的记忆，他就会和在感知当中透出来的这种智慧之光相融，你就在我的宇宙当中就诞生了。你醒来的时候，不是一个孩子的形态，而是一个皇帝的形态。

这个是我给你们的托底。就说一个木桶，它那个决定盛水量的，不是最高的那个板，而是最低的这个板。我得告诉你们，跟随我学习的人，跟随地球上的这个指导灵学习的人，最低的板在什么地方，就在这里。你可以直面死亡，不要害怕死亡，我会在你身体死后，接着你、托着你、保护你，将你送入我的宇宙。这个是我为你们保证的事，这个也是一尊佛的承诺。

学生1：感恩上师，给我这样一个殊胜的，能参与法会的机会。是这样的，就是因为前段时间，也可能是过于地想以这个佛经、以思辨对照老师的法，以这个帮助大家去建立信心吧。后来搞一段时间，您说我已经走偏了，然后就是说，太过于沉浸于这种知见层面了。然后最近就撒手了，就不再弄这个事情了。然后就最近的话就是，就觉得自己可能心力不足，想提升的话，提升不上去，就是没法深入到法中。希望上师能够开示我的修行道路，指导我接下来的修行。

老师：嗯，我跟你说啊，那个佛经里面呀，佛教里面为什么会有那么多经典啊，这个是佛教的可贵之处，因为实相是不被分别的。通往实相的道路，称为"法门"。那么，如果这个法门是错的，他就会将众生的灵魂啊，引导入边见，引导入邪见，就进入到了境界当中。那

你可以直面死亡
不要害怕死亡
我会在你身体死后
接着你、托着你、保护你
将你送入我的宇宙

个境界，就有可能是饿鬼道、畜生道、地狱道。所以佛教里面的话，对于这个道路的这种论辩，是非常严谨的，这是佛教的可贵之处。

佛教，讲道理，你知道吗？讲道理。但是真正懂道理，有能力思维佛教的人，他毕竟少；有能力思辨佛经，并且理解佛经的人，他毕竟少。所以佛经里面，祂又记载下来一句话，叫作"依文解字，三世佛冤"。就说你依这个文章本身的意思，去理解佛的那个含义，那个是冤枉了三世诸佛。

因为今生我走的这条道路呀，是将佛的这种大智慧呀，结合了西方基督的爱，快速解脱灵魂，让灵魂能够从死亡当中解脱的这条路，所以我更注重的是实践、实证。实践和实证，他一定在心灵的体验当中，他不在思维的逻辑当中，你知道吗？

如果按照，如果说你要是再继续这样解佛经解下去的话，最终你会变成知解宗徒——就说是脑袋里装了一堆知识，但是内心没有任何的证量。什么叫"证量"？就是你心灵的认知，解脱自我认知和意识的程度。

你心灵认知，解脱了你的自我认知，解脱了你的思维逻辑了之后，心灵认知就会处在一个清醒的，但是不知道自己是谁的状态。内在的那个清醒，就是人的灵魂感受，折射你的见精，投入在你的心灵认知当中，那种清醒心。那种清醒心要是返回到了你的灵魂感知去，进入到了那种见一切，却不被"所见"所牵动、蒙蔽的状态，那个就是你的见精浮现于前。那个叫"奢摩他"，你就证到了罗汉果。一切证果，皆以去除自我为标准的——一切贤圣，皆以无为法而有差异。

但是如果说，你要是走的是思维逻辑这条道路，最终的话，他会让你的心灵变得越来越凝固。因为你要分析事物，一定是有一个分析事物的动机的。而进入奢摩他的领域的时候，你是一切动机全部融化的、思维停摆的、没有记忆的。你是处在一个见一切,但是却不被所见凝固的,自由解脱的清澈状态,那个叫"奢摩他"。我要的是结果,我要的不是一个知解宗徒,我要的是一个从死亡当中,能够有力量解脱的一个成就者。

这个就是我为什么叫停了你,不要再去翻译佛经。为什么呢?毫无意义。翻译佛经的目的,是为了让很多学佛的人,知道我讲的是佛法。但是如果代价是,把你的这个修行,误入到了这一些佛教的名词、概念里面去,那我觉得就得不偿失了。

你最近不精进的原因,是因为你没有找到跟佛经,就是以佛经来证明我是佛的正确性的那种证据,所以你不精进了,知道吧?你的精进是需要证据的。"这个佛经里面记载的东西,跟老师讲的一模一样,哎呀,老师真的是佛呀",然后你就有了信心。你的信心就是这么来的,

你知道吧。你太依赖于你的思维逻辑的确定了。所以你的心呢，就一直保持着对于我本人，对于我本身证量的怀疑。

但是你本身内在的这种感知力，对于我的证量又非常地确定：这个就是一个大菩萨的智慧气息，这个就是一尊如来的慈悲的气息。但是你习惯于用你的思维逻辑找证据了，现在证据又不让你找了，所以你的心就懈怠下来了。就这么个原因，知道吧。

哎呀，那咋办呢？你要是懈怠了之后的话，你这样吧，每天的话，为了保持你的精进的话，每天你这样，你还是学一点佛经吧，什么……《涅槃经》《华严经》可能你都看完了，《楞严经》你也看完了。你把那个《大智度论》看看，但是每天不要看多，每天看上两三个小时，然后其余的时间去学我的法。有我法义的这种背后的生命力的清洗，你看佛经的时候，你才能看懂。你才能够瞬间找到，哎哟，跟我这法很相应的地方，再把他写出来，好吧？

把这个比重变一变。过去你可能看佛经，看得比较多，学我法的时间比较少。现在把学我法的时间放到更多，可能每天学个四五个小时，看佛经的时间放成一两个小时，这样的话，也可能是适合你的。去试一试吧，好吧？

学生1：上师，还想请上师开示个问题。最近看到一些出家人啊，他虽然学习老师的法，对于这个佛教的传统，佛教的过去那种修行的固守，包括对曾经师父的这种眷恋和信赖吧，让我觉得非常地心痛。就是祈请上师，能不能对这些出家的，或者说已经沉浸在佛教当中很多年这种师兄，开示一下他们修行的这个方向。

老师：没法改，这改不了。我再怎么讲，他们还是不相信。我再怎么讲，他们只觉得我是一个觉悟了的人，还会有其他觉悟了的人。觉悟嘛，本身没有什么高低之分。他觉得你讲得好，其他的那些觉悟者讲得也挺好。他们不会放弃的，就算我说了之后，他们也不会放弃的。但是，死亡会让他们放弃的，死亡逼近的时候，会让他们放弃的。

今天我把这句话放在这个地方：在这个地球上，目前跟我同时代的人里面，只有我一个人可以解决死亡的问题。到死亡来临的时候，他们会知道自己错过了什么。但是你说是让我现在告诉他们，信仰我，追随我，他们……我要是这么讲，我就会变成邪教了——"搞个人崇拜""搞组织""搞宗教范围"。我不想惹这些麻烦，知道吧？我只救赎真正信仰神的生命。

至于说是我不符合人世间宗教的观念，我为什么要符合呀？我凭什么要符合呀？搞不清楚了。我又不靠你们吃饭，对吧？爱信不信，不信拉倒，哈哈哈哈哈。好吧。

学生1：感恩上师。

学生2：我学习老师教法6年了，祈请上师慈悲引导，灵魂只渴望跟着上师走。

老师：你的修行，没什么证量啊。你的修行没有……在你的身心当中，我没有看到任何证量。而且说是你对于我的这种，你对于我的这种认知吧，现在还很浅。你只是相信而已，你只是相信我是一个成就者，但是你的灵魂感知当中呢，对于神佛的这种感知啊，很弱，没有到信仰的程度。现在就说你情感相信的这种程度，很深，但是你的灵魂深处，就说是，你的主观意识内在的那种确定性，那种决定性，他没有到超过了你自我维护的，那种信仰的虔诚度。

我怎么跟你说呢？就说你现在只是迷信我是一尊佛。就说你对于我的状态，是真正的迷信，你知道吗？第一个，你不了解。第二个，你没有更深的体验，你只是感情上的一种一厢情愿的信任，你没有任何证据的。

现在如果说是，当有另外一个人告诉你 有另外一个佛，那个佛多么好多么好。你刚开始可能会拒绝，你的情感不接受。但是随着对方拿出很多证据了之后，你就会动摇。你的认知就会动摇：哎呀，可能那个也是佛吧，老师说的可能不对。这个不叫信仰，换句话说，你对于我是迷信，而不是信仰。

什么叫"信仰"？信仰就是，他是种在灵魂深处的一种直觉。他是经过时间的洗礼，经过你自身确实的这种身心灵的改变，种下来的不受你主观意识为左右的，那个灵魂的渴望，那个叫"信仰"。就是信仰一定是跟生命挂钩的。就离开信仰，这个人就死掉了，这个叫"信仰"，知道吗？有信仰的人，是无惧死亡的；有信仰的人，一定是神佛看护的；有信仰的人，信仰一定会在他临终的时候，引导他信仰的那个神佛，来到他身边。

你现在的这个信仰度，还没有开始。现在仅仅是迷信，仅仅是感情的迷信。这种迷信，相信我，没有几年就消散掉了，哈哈哈。多做一点功德吧，好吧？多做一点功德力吧。

过去我的教法的标准很高的，过去我的教法的话，是杜绝一切功德行为的。现在我，也是因为我这大哥的原因，我给众生开了个口子，就容许众生去做供养了——去弘法，去资助弘法的人。为什么呢？因为我确实看到你们的灵魂，凭借自己的力量，真的是很难修上去的，那就为你们的灵魂做一个保障吧。

把你们人世间的这点，现实的这点财富，通过弘法的这种言行、行为，转化为天上的福报，就像把你的人民币换成美金，将来你出国的时候用。这个是我给你们开的一个口子，也是因为这个大哥的原因。因为我看到他，确实是他凭借自己力量很难修上去，但是他确确实实是

因为帮助了我，而形成了他灵魂宇宙当中的，那种漫天的功德力。

这个是我……就包括他今天查出来癌症三期了，但是我看到他的整个的灵魂宇宙里面，依旧是金碧辉煌的，依旧是充满了这种七彩霞光的，依旧是通透的，依旧是一个神的境界——就三界内神的境界。我在他身上，真的没有看到任何死亡的气息，这个……医院的事实证明，就在那儿放着呢，他的诊断报告我看了，确实是，扩散了，第三期了，但是我在他的身体细胞下面，我看到的真的是光。

按照正常来说的话，一般人到了这个程度，他的细胞内是一片黑暗的，纯粹的黑暗，就是那种像是沥青一样的颜色，或者是浅一点，像烟灰一样的颜色，那个是癌症的状态。可是他的身体细胞里面，全部是光，你知道吗？他的身体细胞下面，在灵魂宇宙里面，他的那个皇位，皇帝的那个宫殿都形成了，你让我怎么去解释这件事情?

我是亲眼见过死亡的人的,还是我一个亲戚。然后我们一块去吃饭,我在他后面走着,他在我前面走着。当时我就给我身边的人说,我说是,那个谁谁谁,他是我一个亲戚,他的整个身心内外,连他骨头都是黑的,他的骨头、他的细胞都是黑的。我说,这个人活不长了,最多最多大概就一两个月。他是准准地一个半月之后去世的,死掉的。

而我这位大哥,今天我在看到他的时候,他的身体细胞下面,依旧是光,依旧是那种纯净的具有智慧性的光芒。每一个细胞里面,依旧是那种神的那种气息——那种纯洁的、向上的、青春的那种气息。但是他的诊断报告,就是这个诊断报告,你让我怎么解释?

但是我看到的他,确实不是一个属于死亡的人,他是属于天上的人。但是他很可惜,他这几年的修行,他没有觉醒他的灵性,你知道吗?他不像……他跟那个灵王性质不一样。那个灵王,已经是属于真正地进入到神的范围了,而他只是个神灵。

而我这大哥的话,他是属于带有人格的,带有自我形象的一个……就是因为他的福报功德很大,所以他成为了三界内的神灵。但是他不是神,神是不灭的,神是永恒的,而他是有轮回的。但是这个轮回,因为他是在我的宇宙范围之内,所以我保证他轮回的无限性。就是无限,你这一世当皇帝,下一世当皇帝,再下一世还是当皇帝,但只是在不同的国度而已。

就是因为他的这种巨大的功德力,呈现出了他灵魂宇宙里面的状态,所以我才放低了这个门槛。过去我这个教法只针对神灵——你是修行者,你才有资格学我教法的。我教法的目的是为了解脱死亡,要觉醒你内在不生不灭的智慧的,那是我教法的最低门槛了。现在我这个门槛放低了，你们可以做功德了。

就像我这大哥一样，他没怎么修行，但是我可以保证他灵魂的未来。为什么保证呢？就是因为他曾经为我付出过，为一尊佛付出过。我不会接受你们的供养，因为我们之间没有亲属关系，但是你们可以去资助法，起到的效果是一样的。可以去做一些功德力，对你们的灵魂未来是有好处的，有绝大的好处。

对你的修行，我没有什么特别的叮嘱。我就告诉你，你现在的虔诚心啊，太弱了，就他是基于感情之上的。什么叫"虔诚"？我跟你们说个标准啊。我拿我举个例子吧。我为我心目当中的信仰，放弃过我的前途，放弃过我的婚姻，放弃过我的家庭，放弃过我的人生。虽然很痛苦，但是我别无选择，因为那是我的信仰。

我穷困了前半生，那真正的每天身上就是有那20块钱啊。就20块钱人民币呀，不是20美金啊，那是我一周的生活费啊。你在穷的时候，不会有人帮你。你在穷的时候，你的兄弟姐妹都是来看你笑话的，都是来嘲笑你、诽谤你、调戏你的。当时我记得我在，我回到我们家，可能在我穷困的时候，唯一唯一心疼我的人，可能就是我爸、我妈。

我记得我回家吃饭的时候，我那个姐夫呀，就坐在客厅里面。我进去了之后，我说："哎呀，姐夫，你来了。"根本就不搭理你的，就眼睛、眼角都不会看你一眼的。第一次我以为他在看电视，我就很尴尬地就退出了。第二次去，他还正好——就每周我要去我父亲家吃饭嘛，第二次去，他还是坐在客厅里面，在那儿嗑瓜子，看电视呢。然后我进去了之后，我又很恭敬地说："哎哟，姐夫，你来了。"一样的，瞅都不瞅你的，就是视你为空气，你知道吗？第二次，我觉得可能是他有意的。

第三次去了之后，干脆他看到我进来，他眼光扫了我一眼，然后继续看电视。我再去问候他的时候，还是无动于衷，就视你为空气。这个就是所谓在你最穷困的时候，你的亲朋好友对你的态度——赤裸裸的歧视，赤裸裸的鄙视，赤裸裸的伤害。

这一切都是因为我曾经追随自己的信仰。那么到现在为止，当我现在生活好一点了，尤其是到了今年，我开始具有了接引灵魂能力的这种力量，就是我可以解决人死后的问题了，相当于我，掌握了人世间人类灵魂的未来，明白了吗？我可不是那些教主，我不是基督教里面的牧师，我也不是佛教里面的主持和活佛，告诉你们：你们跟随我，将来要往生到什么地方去，你做功德将来要怎么怎么样。我是切实地让你体验到天堂，我是切实让你的灵魂感知到、见到另外空间的存在。

我不是骗子，我不是那些宗教里面的神棍，我不是利用信仰来勒索人们的一个恶棍。但是我是真实地具有破开时间和空间的能力，让你的灵魂、让你的思量心，能够透过你的人格，看到你灵魂感知和人格认知之间的另外空间的，那种能力的。我已经有了，也就意味着说，我掌握了人类所有的财富。

没有人不怕死，尤其是那些有钱人。而我可以用很大量的事实证明，来证明我有这个能力。也就等于说，我现在可以拥有、具有无限的财富。当钱到了一定的数量的时候，它就会变成权力的。当有了钱，有了地位，有了权力，有了无数的信众的时候，我就有了在人世间呼风唤雨的能力。那些女人，那就更不用说了。

但是我不能。作为一个人格的这个老流氓来说，我时不时地还蠢蠢欲动一下，你看……我蠢蠢欲动，不是因为我羡慕那些权力和财富。我蠢蠢欲动是因为我心理不平衡，你知道吗？凭什么那些邪师，都前呼后拥，弟子众多的，都不用自己去清理粪便，都不用自己去剪草，都不用自己去修车，都不用自己去修房顶？为什么我一个神，50多岁的人了，我要跑到房顶上去修我那漏的房顶？你这简直是太侮辱人了吧！我一尊神，我还不如那些邪师了？

就我可能会，心里面会不平衡，会嘀咕一下，你知道吗？但是不可以。就说是，人家说是到嘴的肥肉没了。我是到嘴的，我可以成为人世间的教皇的这个权力，我要把它彻彻底底地从我脑子里面、从我心底里面，要斩尽杀绝。

我一辈子，我就知道自己：你丫你就是个老流氓，你就承认这一点，你这一辈子在人世间的身份，不是什么导师，不是什么在世的活佛，就是个老流氓，你要永远记住这一点，这就够了。我记住自己是老流氓的身份，才能最有力地，从最根本上，维护"祂"的清白与尊严。因为老流氓，你是必须要受到制约的，受到勘制的，你不能有自己的企图的。流氓嘛，你有什么好企图呢？怎么能容许一个老流氓有企图呢，对不对?

就是因为,我用我信仰的坚贞,放弃了我整个人格的企图,和内在一点点的对于我人生的期许,才能最根本上,保证"祂"在这具身体内,圆满清白地还原出来,"祂"的无私无我的慈悲气息,平等、无碍、随顺、周遍的,圆满的庄严。

也就是说,我可以为着我的信仰去坐牢、去死亡。我可以为了我的信仰,去放弃我的人生,放弃我唾手可得的无边的财富与权力。我不惧死亡,我也放弃了自己的活着,只因为我的信仰当中只有"祂",这个才叫"信仰",知道吗?信仰一定是和你的命,和你的灵魂,绑定在一起的。

你现在距离这个信仰啊,没什么关系。你现在的这个,是迷信,跟信仰没什么关系的。
跟生命、跟灵魂绑在一起的,才

能称为"信仰",明白了吧?而你现在的这种状态,仅仅是对于我的迷信而已。过两天不相信了,不相信了也就走了。也就觉得:哎呀,这家伙说得这么好,实际上也没有什么太大的变化,他说的那个东西,那些法义,那些和尚也在说,那些法师也在说,没什么了不起的。

你现在仅仅是迷信,感情上的迷信,跟信仰没什么关系。但是我的教法要拯救灵魂,必须得要通过信仰的渠道,也就是虔诚心。回头去培养你的虔诚吧。具体怎么培养呢,那个就看你的……就多跟那些虔诚心的人来往,听听他们怎么说,好吧?

学生3:顶礼恩师。我是2021年追随恩师修行的,虔诚祈请恩师,对我今后的修行慈悲开示。

老师:你呀,你还不错,你还不错。因为你是有过去世修行基础的人,你这具身体里面,住着过去的一个僧人，所以说，你对佛法呀，对于我讲的这些智慧啊，并不陌生。虽然你听不懂，但是你心灵感受当中，觉得这个就是对的，这个就应该这样子。那是你前世的记忆。

你今生呢，就说是你的心灵的认知那一部分，就心灵认知体验的这一部分，对于我是确信的。但是你人格当中，形成你人格思维的自我感受这一部分啊，对于我是冷眼旁观的。到今天为止，你的信仰当中还有40%、50%的你自己，对于我是不相信的。那种不相信，不是不相信我讲的法，而是不相信我是一个神。

就说你的人格认识到我人格的时候，并不是那种五体投地跪在我面前的状态，而是一个冷眼旁观的状态，觉得这个老师是一个很优秀的修行者，这个老师人品很端正，这个老师讲法很有智慧。你知道吗？这是属于亵渎。你有什么资格去评价一尊佛呢？当你内在开始评价我，开始不由你的主观意志地，开始去想我这

个人，人品的好与坏的时候，人性好与坏的时候，那是对于你灵魂的荼毒。

在灵魂当中，在灵魂领域里面，我是宇宙的主，我不是三界内的主，我是宇宙的主。我是那个慈悲性，我是那个慈悲的气息，浮现出来的，过去未来十方三世一切诸佛的，根本的基础，只是我有这么一个人体而已。可是你的人格的自我，却用你人格自我认识到的我，来评价我，这个实际上，他对于你的灵魂是一种荼毒。

你的灵魂不应该这样，你的灵魂是有基础的。如果你的灵魂，不再被你人格的这些，对于我思虑的评价所否定的话，你的灵魂可以直接感知到，由这具身体传递出来的语言背后，那是有真正的光明的，那是金色的光明。你的灵魂，会唤醒你过去世修行的证量，从而看到天道的景象，看到你过去世修行的那些回忆的。只有佛可以唤醒神的回忆。

但是如果，我在你心目当中，一直是一个人类的形象的话，你的心更相信我是一个修行中的人，而不是一个觉悟的佛的时候，你的灵魂是不可能被人的认知所唤醒的，他一定会……他只能被佛的慈悲所唤醒，他不能被人的认知所唤醒，就是你的灵魂感知啊。

所以说，对于你而言啊，你的心底里面，就是嘲笑我那个声音啊，你要面对他的。你的心底里面不受你自己的控制的，就是那种居高临下的，站在你的身边，对于我冷嘲热讽的、冷眼旁观的那个人格，那个是你的魔性，他会把你带到死亡当中去的。要面对他，要找到他，跟他谈话，宽恕他，离开他。你的灵魂应该直接见到神，而不要被他引导着见到了人。

不要听他人格的，不要听你人格那一部分对于我的评价。你的人格那一部分对于我的评价，有个潜在的声音，我替你把他说出来啊：这个人表演得不错。他在你的脑子里面、心底里面，对于我的认识，就是我是个演员，我表演得不错，但是表演的背后，谁知道这个人是个什么样的人呢？他对于我是完全不相信的。但是很可怕的是，他占据了你整个心灵潜意识里面40%的力量。有这个东西在，你是不可能升起虔诚心的。

所以说，就是我告诉你，就说是你呢，一会儿法会结束了之后啊，你记住我这句话：当你的内心深处，开始对于我有这种评价了、评判了，要面对他。面对他，理解他，因为他是过去的你。面对他，理解他，听听他的道理，再看看他的道理的源头是什么地方。

你会发现，那个是你前半生，在人世间形成的，对人的警惕与否定。他会认为我是人，是人就应该被他警惕与否定。那是你前半生的道德观念，知道吧？你不要仇恨他，他是曾经的你，但是在面对一尊佛的时候，他就应该退场了，佛不是他有资格评价的，好吧？先解决你内在

的这个毒素，剩下的事情，咱们以后再说。

学生4：顶礼老师，感恩老师。

老师：阿姨你好，我跟你说一下啊，今天这堂法呢，也是给你讲的法。我给你的灵魂托个底，你不要害怕自己离开这具身体了之后，会去不好的地方，一定会去好的地方。

我这教法不治病的，我也没有那个治病的本事，但是我这个教法拯救灵魂，我也有拯救灵魂的能力。你现在要做的事情的话，就是一个：你要相信有神佛的存在，你要相信，让你的灵魂相信，让你的心灵相信，有神佛的存在。你这一辈子的这个唯物论啊，他对于你灵魂的感知，是有很大的伤害的。神佛只有你的灵魂感知，可以感知得到，祂是你的认知和意识接触不到的。

所以你现在要做的事情，是要相信有神佛的存在。神佛的存在，比你们人类的存在要更加真实。因为人类的存在很短暂的，几十年就过去了。你的身体马上就快老，就要死了，但是你的灵魂不会死去的，你的头脑意识背后那个感知力，你心灵认知背后那个感受，他不会死去，他是你真正的自己。只有他可以看到神佛，体验到神佛。所以你现在，剩下的功课，就除了忏悔以外，剩下的功课，就是要相信神佛的存在，好吧？

第二个的话，就说是我跟你说一下，就说你这段时间，通过一两个月的忏悔，你身上的这个业力消了不少，业障消除了不少。你现在身上已经开始有淡淡的光了，这个非常好，继续啊，继续去以神佛……就说你要，将来要去神佛的世界，你就要以神佛的纯洁，来面对你人生的经历的。

从神佛的纯洁的角度，去宽恕你今生所经验的一切事情，那个才叫"忏悔"。不要以人格去忏悔，要以神的标准，以无私的、纯洁的标准去忏悔，那个忏悔才会跟神佛连接得上。回头这段话让你女儿给你解释一下,你听不懂的,好吧?

视频

音频

祂可以净化你的生命
祂可以超度你的灵魂
祂可以抚慰你的恐惧
祂可以指引你的灵魂，透过生与死的黑暗
看到那永恒、安宁、幸福、极乐的天堂

加持

这三句咒语，是宇宙终极意识的凝练，
蕴含着十方三世诸佛的加持，蕴含着如来的慈悲心愿：

"神是爱。上主是爱。我是爱。"

经常默念这三句咒语，或者将这三句咒语，
大声地念出来，每天重复地念诵祂，

384　生机

可以净化灵魂蕴含的业障，可以消灭灵魂境界的恐惧。
当灵魂境界的恐惧消融了，你生命本质的灵性——
那终极意识，呈现在生命之中的光，就会浮现出来。

当你灵魂感知当中苏醒的光，
光透过你的灵魂感知，进入到你的心灵认知，
在你的身体细胞的，信息元素的记忆当中，
呈现出来生命的，永恒、温暖、清澈、透明、轻盈、
极乐的感受时，
你身体当中一切的疾病，都会瞬间康复——
无论是癌症，无论是渐冻症，无论是抑郁症，
无论是任何现代医学束手无策，只能等死的那些绝症的疾病，
都会在神的光芒当中，得到疗愈、痊愈，得到康复。

这三句心咒，
是十方诸佛智慧与慈悲的加持，
是十方如来慈悲愿力的呈现，

蕴含着法界神佛的威神力，
蕴含着天堂无尽的光明与爱，
蕴含着三界诸神的护法与保护。

祂可以净化你的生命，
祂可以超度你的灵魂，
祂可以抚慰你的恐惧，
祂可以指引你的灵魂，透过生与死的黑暗，
看到那永恒、安宁、幸福、极乐的天堂。

为什么要把"神"放在"上主"之前呢？
因为天地宇宙、众生的生死轮回，都在"上主"的圣心当中；
"上主"是不动的，是无生的，是当下的圆满，
"祂"没有作与所作的意图，"祂"也没有能作与所作的表现；
我们最终，都要回归上主的究竟平安性当中，
回归到那究竟平等的、无限而圆满的、大乐本体的自

在当中；
但是在过程当中，
帮助我们的，引导我们的，超度我们的，净化我们的，
是"神"。

"神"，指的就是法界诸佛；
"神"，指的就是天堂之主；
"神"，指的就是宇宙终极意识的凝练；
"神"，指的就是时时刻刻、刹那之间，伴随我们的身心灵、身语意，而不离不弃的爱与接纳、宽恕与释怀。这就是"神"。

让神伴随我们。
唯有神，可以救赎我们；
唯有神，可以净化我们；
唯有神，可以引导我们；
唯有神，可以帮助我们。
所以，我将"神是爱"，放在了咒语的前面。

而最后一句的"我是爱",
这个"我",指的不是你的人格自我,
指的是你人格自我背后的心灵的认知,
指的是你心灵认知背后的感知的灵魂经验,
指的是你的习气记忆的沉淀,
指的是你的心愿动机的决定。

当你决定自己是爱的时候,
那么不属于爱的,你的心意的抗拒与恐惧,
就会在属于你的爱的真实的自我动机当中,
得到原谅,得到释怀,被接纳,被宽恕,
直至你的恐惧,直至你的心意自我,
直至你的自私与习气的黑暗,全部融化在爱中。
这就是这三句咒语,真正起到的目的。

当你的心意人格自我,融化在你的心灵认知的,确定的明确之中;
当你的心灵人格自我,融化在你

388 生机

灵魂感知的,温暖释怀与安宁之中;
当光明熄灭了黑暗,当你的身心灵自我,
全部融入了,爱的纯净、轻盈、透明、圆满、无限的,
光明之中的时候——
你,就是神,终极意识以你来表达。
那么最终,你会回归到,圣主平安性的寂静涅槃、清净圆满的周遍当中,
你,就苏醒了诸佛原本的本来面目。

心咒,不是用来让你在人间,建功立业的工具。
心咒,是为了唤醒你的灵魂,
让你能够在心咒的净化、超度、引导和救赎的过程当中,
逐渐苏醒,你内在生命本来的原始状态。

祝福你们。
神的祝福永远伴随着你。
爱,从未离舍一人。

"神是爱。上主是爱。我是爱。"

音频

宽恕就是你自己
接纳就是你自己
纯洁就是你自己
温暖就是你自己
安宁就是你自己

引导文（如来版）

***，请注意倾听：

你已经离开了人类的身体。
你将回归如来光明的国度。

脱下人类疲惫的身体。
忘记意识疲倦的记忆。

392　生机

遗失自我感受的体验。
放弃感知的幻觉恐惧。

你经历的这场人生，是毫无意义的梦境。
现在你已经离开了梦境，离开了无意义。

纯洁的爱，是你真正的自己。
温暖安宁，是你真正的自己。
轻盈光明，是你真正的自己。
幸福自由，是你真正的自己。

你是安全的，你已融入如来无限的爱中。
你是纯洁的，所有的罪责都已被宽恕了。
你是温暖的，任何伤害你的，都已被如来承担。
你是完美的，接纳这无意义的身体死去。
与如来平安融合在一起，才是真实的你。

你是轻盈的光明，你不是这具身体。

你是纯洁的清澈，你不是自我意识。
你是温暖与安全，你不是自我体验。
你是纯洁与包容，你不是情感欲望。

你是如来的孩子，诸佛已经，宽恕了你所有的罪。
你将回归如来的天堂，天堂，是永恒的幸福与光明。

无须恐惧，你与如来同在。
无须眷恋，如来赐你平安。
无须孤单，爱永远拥抱你。

你是安全的，你将融入爱的温暖中。
神圣永远伴随着你。
你是如来的孩子，回归如来的国度。
幸福永远伴随着你。
你是完美的，纯洁的光明中，温暖就是你。
你是永恒的，接纳人类自我的死去。
没有任何因素，可以伤害到你。

394　生机

因为你宽恕了一切,因为你接纳了所有。

宽恕就是你自己。
接纳就是你自己。
纯洁就是你自己。
温暖就是你自己。
安宁就是你自己。

你,就是爱本身。
你,已经被爱所宽恕。

你已融入了光明的生命中。
与如来的天堂融为了一体。
你内在的平安,就是天堂。

你不会孤单。
你与爱同在。

我们爱你，赞美你，拥抱你。
如来与我们同在。

（重复播放音频 24 小时）

音频

这几句话
是未来的《心经》
背诵下来,受益无穷

心咒

我不是这具身体,也不是认知身体的自己。
静默中,接纳身心与意识,并非是"我"。

我不是知觉记忆,也不是感知体验的自己。
安宁中,温暖的幸福光明,生命丰盈永恒。

我不是觉知存在,也不是身心内的状态。
清净中,无限慈悲的平安性,未曾发生。

398　生机

【老师留言】

这几句话，是未来的《心经》，背诵下来，受益无穷。

修改了几个字。这三句话，是三个修行次第：第一重是人成为灵。第二重，是灵归入圣灵。第三重，是圣灵归入圣主。这也是我这未来十年中的修行指南。共勉。

音频

生 机

作　　者	东方圣光	

出　　版	德福出版社（De Fu Publishing）	
电　　话	0061424718866	
电　　邮	info@defupublishing.com	
网　　址	www.defupublishing.com	

出版日期　2025年11月
图书分类　心理励志
简体版平装书国际书号 (ISBN): 978-1-923572-12-6
简体版电子书EPUB 格式国际书号 (ISBN): 978-1-923572-13-3
定　　价　48.99澳币

Printed and Published in Australia
版权所有・侵害必究

如发现本书有钉装错漏问题，请携同书刊亲临本公司服务部更换。

www.ingramcontent.com/pod-product-compliance
Lightning Source LLC
Chambersburg PA
CBHW041227070526
44584CB00001B/126